「先生が忙しすぎる」をあきらめない

妹尾昌俊 著
学校マネジメントコンサルタント／
文部科学省学校業務改善アドバイザー／
中央教育審議会
学校における働き方改革特別部会委員

教育開発研究所

はじめに――今日も頑張っている先生方へ

本書は、日本中の、**毎日一生懸命に頑張っている先生たちが、今よりも「持続可能」に授業や学校運営に励んでいけるようになるために**、書きました。

●子どもたちの健やかな成長のため、教師が頑張るのは当たり前
●一生懸命で忙しいのは、美徳
●忙しくても、子どものためになるならついついやってしまう（子どものためになることなら、多忙であっても多忙感はない）

とされてきたのが日本の学校。先生たちの惜しみない献身性と高いモチベーション（志気）には、よい点が多かったのも確かです。

国際的に見て、日本の教員は、1人で多くの子どもたちを相手に授業や学級運営をしています。「Education at a Glance 2016: OECD Indicators」によると、日本の学級規模（1クラスあたりの児童生徒数の平均値、2014年）は公立小学校で27人、OECD35ヵ国の中ではチリに次いで2番目に多いです（OECD平均は21人）。また日本の公立中学校では32人で、OECDの中で最も多い状況です（OECD平均は23人）＊1。

授業の準備や研究も頑張っています。教員同士が授業を見て助言などを行う日本の授業研究は、1999年頃以降〝lesson study〟と訳され、アメリカをはじめ各国が日本から学び、採り入れているほ

どで、日本の実践はいわば世界の先生の〝先生〟となっている側面もあります[*2]。

そのうえ、早朝や放課後には登下校の見守りや挨拶運動、あるいは生徒指導や部活動などで子どもたちの様子をよく観察、支援しています。発達になんらかの障がいを抱える子や、外国から来て日本語が不自由な子も多くなっており、個に応じたきめ細かなケアが欠かせません。給食の時間や掃除の時間も〝指導〟とされ、アレルギーや仲間はずれがないかなどにも気を配ります。いじめ問題はネット(LINEなど)の普及で表面的には見えにくくなっており、子どものちょっとしたサインも見逃さないよう注視しています。

そうしたおかげで、日本の子どもの学力は世界でもトップクラスを保ち続けていますし、いじめなどの一部の問題を除き、深刻な問題行動もそう多くはありません。

一方で、**先生たちの「善意」と「献身」に寄りかかりすぎている現状には、ムリがある(「持続可能」とは言えない)**のではないでしょうか?

時間外勤務(残業)が月80時間という過労死ライン[*3]を軽々と超える過重労働が半ば常態化している学校も多くあります。直近の調査(2016年度実施の「教員勤務実態調査」)によると、**小学校教諭の約6割、中学校教諭の8割近くが過労死ラインを超えて働いています(持ち帰り残業を含む推計)**。

電通の新入社員高橋まつりさんの自殺が2016年に過労死認定されたことは、社会的に大変注目されました。まつりさんの場合、労働基準監督署が認定したのは月105時間の残業、弁護士が入退館ゲートのデータを基に集計した残業は月130時間を超えることがあったと報道されています[*4]。先の教員勤務実態調査によると、教諭では月120時間以上残業している人は小学校で17・1%、中学校で40・6%もいます。

労働時間の問題だけではありませんが、「学校は〝ブラック〟だ」と言われても仕方がない状況です。週刊誌AERA（2016年8月22日号）で**「先生が忙しすぎる」**という特集が組まれましたが、データからもこのことは確認できますし、当の本人たち（教職員）、それから教育行政に携わる職員や保護者等の思っている以上に、学校の長時間労働は過酷であり、「今、動かずして、いつやるのだ」という状況です。

さらに、子どもがいる間はほとんど休憩をとれず、朝から夕方までトイレにも行けないという教員の声もたくさんあります。つまり、労働時間の長さの問題に加えて、人間らしい労働環境なのかどうかという問題、人を育てる学校というところがそれでいいのか、という点も問われています。もはや、「教師は〝聖職〟なんだから」などと言って片づけられない状況です。

ところが、そもそもきちんと労働時間や勤務実態を把握すらできていない職場が実に多いのが現状です。また、教育委員会や学校での多忙化対策と言っても

・対策のための会議を開いて、検討しています
・管理職向けにタイムマネジメント研修をしました
・週に1日、ノー残業デーにしています（でも持ち帰りや他の日へのしわ寄せはあるんですけどね）
・教員には働き方改革に向けて意識改革を呼びかけています

といった、まこと、お寒い状況のところも多いのではないでしょうか？

現実を**表面的に捉えただけの対策やファイティングポーズをとるだけでは、過労死してしまう人や望まずして教職を辞す人を救えません。**それはとても悲しいことです。

「管理職はもっとしっかりマネジメントせよ」、「文部科学省や教育委員会は教員数を増やすなど、もっと政策的になんとかしろ」という声も強くあります。これをわたしは否定しませんが、そうした対応をただただ待つ姿勢では、今日、明日の学校現場は変わりっこありません[*5]。

現に、学校の長時間労働はここ10年、20年の間、少なくとも教職員や国・教育委員会の間ではずっと認識されていたにもかかわらず、改善しなかったではありませんか？　そこの反省点を明確に意識しながら、それぞれがそれぞれの役割で、前例踏襲を打破する改革と改善を進めることが必要です。

本書は、そのための、**本気で進める学校改善の実践ガイド**です。主に小・中・高校の教職員や教育行政の職員向けに書いていますが、保護者や地域、企業、ＮＰＯ等の立場から学校に関わっている方、あるいはこれから関わっていきたい方も手に取っていただければ、幸いです。

のちに述べるように、この多忙の問題は、非常にやっかいです。

●教職員自らが、今のままじゃまずい（ヤバイ）と納得し、働き方改革と学校改善を進めること（＝内発的に動機付けられた学校改善）

●保護者や地域、民間などの支援者が、教職員だけでは気づきにくいことを伝えたり、学校の限られた人や予算だけではむずかしいことを担ったりすること（＝外からの働きかけと支援）

の両方が必須です。

本書を通じて、わたしが読者のみなさんに大切にしてほしいと思うのは**「データ」、「志」、「アクション（行動）」の3つ**です。

①データ

さまざまな角度からのデータをもとに、学校（小・中・高）の多忙の現状とその背景をよく観察し、分析したいと思います。確かな現状認識なしには、有効な対策は生まれません。教育については、みなさん誰もが思い入れがあるものですが、経験と勘だけでモノを言わず、なるべく客観的な調査データや現場の声を丁寧に汲み取って議論したいと思います。

②志

とはいえ、データを眺めるだけでは学校は変わっていきません。どんな学校にしたいのか、どんな子どもを育てるために何に力を入れるのか、さらには、自分は（校長として／教員として／事務職員として／支援する者として）どんな生き方をしたいのかというビジョン、志を大切にすることが、長時間労働の改善にも深く結びつきます。

学校に今、必要なことは**「働き方改革」にとどまらない**、とわたしは考えています。**真のテーマは、教職員本人たちと学校を支援するわたしたちの「生き方改革」**です。

③アクション

最後に、本書は問題提起して終わりではありません。データとあなたの志をもとに、具体的にどのようなアクションに移していくとよいのか、今日、明日から実践できる事例や方法を数多く盛り込んでいます。「具体的で、実現可能で、効果的な提案をする」というところは、類書にない本書の魅力と考えています。

本書では、大きく次の4つの問いについて答えるかたちで進めます。章のあいだのつながりも強いので、通読いただいたほうが理解は深まりますが、みなさん、お忙しい……ですよね？　興味のある章から読んでいただいても大丈夫です。

Question1　学校は本当に忙しいのか？　誰がどのくらい忙しいのか？
(Who?　How busy?)　第1章

Question2　忙しいとしても、それはよくないことなのか？　好きでやっているならいいんじゃないか？
(So what?)　第2章

Question3　どうして忙しいのか？　なぜ改善しないのか？
(Why?)　第3章

Question4　どうしていけばよいのか？　何から始めるか？
(What and How?)　第4章

本書を通じて、みなさんがこれまで見ようとしなかった学校の現実を見るようになり、〝「先生が忙しすぎる」をあきらめない〟、〝本気の学校改善を進める〟という共通の思いで、着実に前進していけるようになることを願っています。

目次

第1章

だれが、どのくらい忙しいのか

❖日本の学校の長時間過密労働の現実

◎ぐずって泣く自分の子どもを抱き締める力もない

この章では、日本の学校（おもに小・中・高を対象とします）の長時間労働の実態と影響について見ていきます。

まずは具体的な話から。東海地方に住む30代の女性、元小学校教諭の証言です（東京新聞２０１５年9月25日）。

昨年度は高学年40人クラスを担任。日本語がたどたどしい外国籍の子もいた。大変だったのは保護者への対応。課外活動費を払わなかったり、子どもを1週間無断欠席させたりする家庭には年に10回以上も訪問。働いている保護者とは、夜遅くに話し合った。

子ども2人の母親でもある女性は、帰宅後や土・日曜日も授業準備に追われた。部活の顧問として夏休みも指導。夫も仕事が忙しく、育児はほぼすべて女性が担った。「ぐずって泣く自分の子どもを抱き締める力もないほど疲れていた」。先輩教諭に相談したが、補助の教員は付かなかった。「周りの先生はみんな、いっぱいいっぱいだった」。

退職直前の2ヵ月間は、県外の母親に自宅に住み込んで家事を手伝ってもらった。だが体調が悪化し、「もう限界」と辞表を出した。

「ぐずって泣く自分の子どもを抱き締める力もないほど疲れていた」「先生はみんな、いっぱい、いっぱいだった」という悲痛な声が響きます。このように、献身的な教師が体を壊し、辞めてしまうのは悲しいし、社会としても損失です。

しかし、次の疑問も浮かびました。

・雑誌や新聞ではセンセーショナルな事例を取り上げる傾向にあるが、多くの学校では実際どうなのだろうか？

・忙しいと言っても、教職員の間で差があるのではないだろうか。だれが、何に、どのくらい忙しいのだろうか？

そこで、この章では、これらの疑問について、まず「多忙」という労働時間の問題として、比較的客観的な状態で観察できるものをメインに各種調査からわかることを整理します。次に、教職員が忙しいと感じる程度、「多忙感」という主観的なものを補足的に分析したいと思います。

まず、「多忙」について見てみましょう。

◎日本の先生の労働時間は世界一

ＯＥＣＤ国際教員指導環境調査（ＴＡＬＩＳ２０１３）を活用します。これは、学校の学習環境と教員の勤務環境を34ヵ国・地域で比較できる、日本でいう中学校の校長と教員へのアンケート調査です。日本では１９２校の１９２人の校長と３、４８４人の教員が回答したこのデータは、大変貴重な成果と言えます。

日本の教員は国際的に見ても、最も長時間労働であること、通常の1週間に日本は平均53・9時間働いており、参加国平均38・3時間を大幅に上回って、ダントツ1位であったことが大きく報道されました。日本の中学校教員は、世界一忙しいというわけです。

◎他の学力先進国と比べて、月60〜80時間長く働いている

しかし、ちょっと待ってください。参加国平均と比べることは果たしてどこまで意味があるのでしょうか？　これは、多くの国の平均的な様子と何かを比べたいときに目安とはなりますが、参加国のなかには、学校教育のパフォーマンスが高い国もあれば、そうではない国も含まれます。

企業経営でも受験勉強などでもそうですが、自分のめざす相手や競争相手と比べて考察するほうが有益なことは多いはずです（「ベンチマーク分析」と言います）。そこで、ひとつの目安として、やはり学力をとりあげたいと思います。TALISが2013年ですから、15歳の学力を測っているPISA2012の数学のスコアの上位国に注目して、教員の時間の使い方を比較したのが**図表1－1**です。

注目してほしいポイントは2点です。

第一に、平均的な総労働時間という点では、日本の教員は最も多忙です。これを熱心な先生が多いとポジティブに解釈することも可能ですが、**シンガポールを除くほかの学力上位国と比べて、週15〜20時間（月換算すると60〜80時間）程度も長く働いている**ということは、**生産性**という観点では楽観視できないことを意味していると思います（第2章でも解説します）。

■図表1－1　TALISにおける教員の1週間の仕事時間（単位：時間）、**1人当たり生徒数、PISAスコア上位国間での比較**

国名	仕事時間の合計	指導（授業）	授業の計画や準備	学校内での同僚との共同作業や話し合い	生徒の課題の採点や添削	生徒に対する教育相談	学校運営業務	一般的事務業務	保護者との連絡や連携	課外活動の指導	その他の業務	教員1人当たりの生徒数	PISA2012（数学的リテラシー順位）
シンガポール	47.6	17.1	8.4	3.6	8.7	2.6	1.9	5.3	1.6	3.4	2.7	14.0	2
韓国	37.0	18.8	7.7	3.2	3.9	4.1	2.2	6.0	2.1	2.7	2.6	15.5	5
日本	53.9	17.7	8.7	3.9	4.6	2.7	3.0	5.5	1.3	7.7	2.9	20.3	7
オランダ	35.6	16.9	5.1	3.1	4.2	2.1	1.3	2.2	1.3	1.3	2.5	11.4	10
エストニア	36.1	20.9	6.9	1.9	4.3	2.1	0.8	2.3	1.3	1.9	1.5	7.7	11
フィンランド	31.6	20.6	4.8	1.9	3.1	1.0	0.4	1.3	1.2	0.6	1.0	10.0	12
ポーランド	36.8	18.6	5.5	2.2	4.6	2.1	0.9	2.5	1.3	2.4	1.9	7.9	14

出所）TALIS2013、PISA2012をもとに作成

言い換えると、韓国やオランダ、フィンランド等の教員は日本の教員よりはるかに少ししか働いていない（日本の感覚では定時帰宅している）のに、子どもの学力は高いのです。

第二に、時間の使い方という点にも留意しておく必要があります。シンガポールと韓国では教員1人あたり比較的多くの生徒を相手としており、授業の準備に時間をかけています。同時に一般的な事務もかなりの量をこなしています。日本はシンガポールや韓国と時間の使い方の傾向は似ていますが、これらの国よりもさらに多くの生徒を抱えており、それとの見合いで考えると、**授業の準備や生徒の課題の採点や添削には、必ずしも多くの時間を使っているわけではありません。**

のちに述べますが、日本でノー会議デー、ノー部活デーなどを設けても、多くの教員は授業準備や採点等で残業をします。それは、そうした仕事をする必要性を感じる教員が多いためです。この現実はTALISの国際比較からも示唆されます。

このTALISを見るときは、注意も必要です。ひとつは、中学校教員についてのみのデータであること。もうひとつは、

各国の全体の平均値には、さまざまな勤務形態の教員のデータが含まれていることです。そのため、日本の非常勤講師のように、決められた時間のみ授業をするような職種の人が多く回答している国では、平均的な総労働時間は下がります。

要するに、国際比較するひとつの目安にはなりますが、制約もあるということです。そこで、日本についてはもっと詳しく、ほかのデータも参照してみましょう。

◎小学校教員の約6割、中学校教員の8割近くが過労死ライン

労働時間調査の最も徹底したものを見てみましょう。文部科学省「教員勤務実態調査」（２０１６年度）は、小・中それぞれ約４００校、小学校教員８、９５１人、中学校教員1万６８７人が回答した大規模な調査です。正直、コストをかけすぎと言いたくなるくらいです（調査費等の税金に加えて、回答する側の手間も含めて）。

しかも、ＴＡＬＩＳをはじめ多くの調査は、「直近の1週間に何時間くらい働きましたか？」などと記憶を聞くものが多いのに対して、この教員勤務実態調査では、30分単位で、どんな業務を行っていたかを毎日マークシートで記入します。つまり、**記憶ではなく、記録をもとにしているという点でも大変貴重な、信頼性の高いデータ**だと思います[*6]。

ただし、注意も必要です。２０１６年10月17日～11月20日のうちどこか1週間を選んで回答していますから、さすがにとっても忙しいときはこんな手間のかかる調査をやる暇はない、と考えた学校もあるでしょうし、逆にちゃんと忙しいことを伝えたいと考えた学校もあるでしょう。また、この時期は、学

■図表1－2　1週間の学内総勤務時間の分布
（教諭のみを対象、主幹教諭・指導教諭を含む）

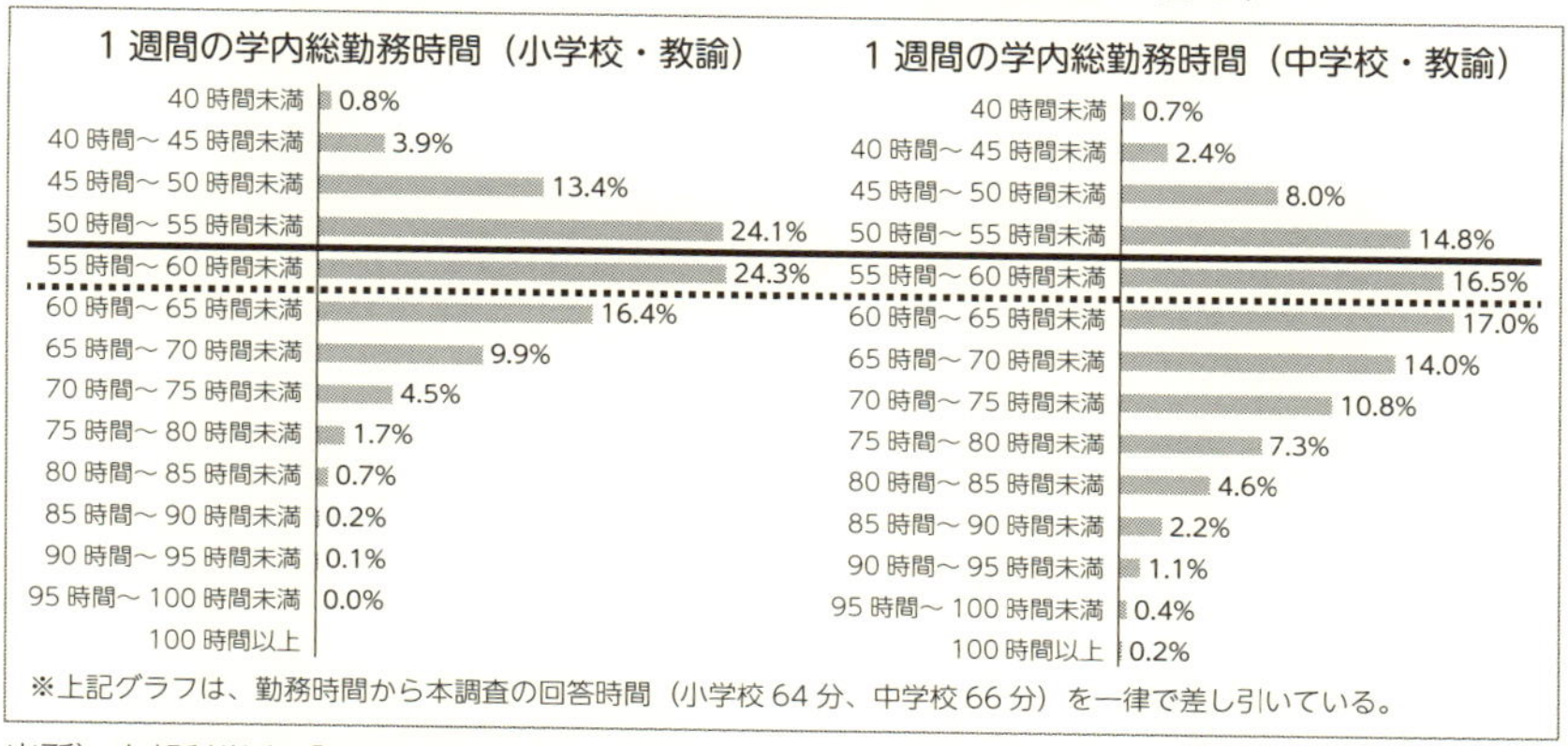

出所）文部科学省「教員勤務実態調査（平成28年度）の集計（速報値）について」（以下同様）
※図内の強調線は引用者

校によっては体育祭・文化祭などの行事とぶつかり、それが調査結果へ影響している可能性もあります。

以上のことに留意しながら、調査結果を見てみましょう。小学校教員の33・5％、中学校教員の57・6％が週60時間以上勤務、つまり月80時間以上の時間外労働をしています（**図表1－2**の点線より下の人が該当、教諭のみのデータ）。「はじめに」で述べたとおり、これは過労死ライン（※）を超える過酷な長さです。週65時間以上労働、つまり月100時間以上の残業の人は、小学校の17・1％、中学校の40・6％もいます。

（※）本書では過労死ラインという言葉をたびたび使いますので、ここで説明しておきましょう。厚生労働省「脳血管疾患及び虚血性心疾患等（負傷に起因するものを除く。）の認定基準」というものがあり、これが過労死と認定される際の基準となっています。この基準のひとつとして、「発症前1か月間におおむね100時間又は発症前2か月間ないし6か月間にわたって、1か月当たりおおむね80時間を超える時間外労働が認められる場合は、業務と発症との関連性が強いと評価できる」とされています。そのため、月80時間以上の残業が数ヵ月続く場合、あるいは1ヵ月に100時間を超える残業がある場合には、過労死ライン以上という表現を本書では使います。

しかも、このデータは学校内だけの数字。自宅等への持ち帰り残業を加える必要があります。公表されているデータは平均値しかありませんが、平日は1日あたり小学校29分、中学校20分、休日は1日あたり小学校1時間8分、中学校1時間10分の持ち帰りがあります。つまり、1週間に小学校は約5時間、中学校は約4時間の持ち帰りが発生しています。このため、たとえば、週60時間〜65時間未満と回答した人は、実際には週65時間〜70時間未満か、それ以上働いている可能性が高いと言えます。

つまり、**図表1－2**の各カテゴリーは一段ずつ下へスライドして捉えたほうが実態により近いと言えます。こうなると、**週60時間以上勤務の過労死ラインを超える人の割合は、小学校教諭の57・8％、中学校教諭の74・1％**にも上ります。同じように計算すると、**月120時間以上残業している人は小学校で17・1％、中学校で40・6％**もいます*7。

◎他業種と比べても、学校の過重労働の異常さは突出

過労死ラインを超えて働く人がこれほど多いのは、異常と言える状況ですが、さらに注目してほしいのが、**図表1－3**です。

表の一番下は先ほどの教員勤務実態調査のデータを掲載しています（平均的な自宅持ち帰り時間を含む）。教員以外は、「労働力調査結果（2016年度）」（総務省統計局）をもとに週35時間以上働いてい

■図表１－３　産業別１週間の労働時間の分布

	週 35～42 時間	週 43～59 時間	週 60～69 時間	週 70～79 時間	週 80 時間 以上	60 時間 以上の 割合
建設業	34.4%	52.4%	8.5%	3.1%	1.5%	13.1%
製造業	46.5%	45.2%	6.1%	1.5%	0.7%	8.3%
情報通信業	47.3%	42.5%	6.6%	2.4%	1.2%	10.2%
運輸業、郵便業	33.5%	43.8%	13.5%	6.2%	3.1%	22.7%
卸売業、小売業	44.3%	42.3%	8.7%	3.2%	1.5%	13.4%
金融業、保険業	50.8%	41.8%	5.7%	0.8%	0.8%	7.4%
不動産業、物品賃貸業	48.0%	40.0%	8.0%	2.7%	1.3%	12.0%
学術研究、専門・技術サービス業	46.5%	40.3%	8.2%	3.1%	1.9%	13.2%
宿泊業	39.4%	45.5%	9.1%	3.0%	3.0%	15.2%
飲食店	33.6%	37.9%	14.7%	8.6%	5.2%	28.4%
医療業	55.3%	37.2%	4.3%	2.0%	1.2%	7.5%
社会保険・社会福祉・介護事業	63.3%	33.2%	2.2%	0.9%	0.4%	3.5%
国家公務	63.0%	28.3%	4.3%	2.2%	2.2%	8.7%
地方公務	55.5%	33.6%	5.5%	3.9%	1.6%	10.9%
学校教育	40.5%	40.5%	11.5%	4.7%	2.7%	18.9%
その他の教育、学習支援業	51.4%	37.1%	8.6%	2.9%	0.0%	11.4%
	週 約 45 時間 未満	週 約 45～59 時間	週 約 60～69 時間	週 約 70～79 時間	週 約 80 時間 以上	約 60 時間 以上の 割合
小学校教諭（教員勤務実態調査）	0.8%	41.4%	40.7%	14.4%	2.7%	57.8%
中学校教諭（教員勤務実態調査）	0.7%	25.2%	33.5%	24.8%	15.8%	74.1%

※小学校教諭、中学校教諭以外については、月末１週間の就業時間（「労働力調査（2016 年度）」に基づく）。
※小学校教諭、中学校教諭については、2016 年度実施の「教員勤務実態調査」に基づいた１週間の学内勤務時間に、平均的な自宅持ち帰り時間（週約５時間）を加えた時間。
出所）総務省「労働力調査（2016 年度）」、文部科学省「教員勤務実態調査（2016 年度）」をもとに作成

る人のみを集計したものです[*8]。パートなど非常勤を含めると比率が変わってきますので、週35時間以上の人を集計しました。

初めてこれを作成したとき、「ホンマでっか？」と感じましたが、政府の実施した調査に基づく数字です。

この結果からの主な発見として、4点お話しします。

1点目として、**週60時間という過労死ラインを超えて働く人の割合は、小学校、中学校は、他業種と比べて突出して高い**、ということです。ブラック企業として大きく批判されたワタミなどを含む飲食

店業界では、他の業界よりも60時間以上の比率は高いとはいえ、28・4％です。同じくハードワークが多い運輸業、郵便業でも、22・7％です。なお、表中の「学校教育」には小・中学校も含まれていますが、これは幼稚園や大学・短大、専修学校（専門学校等）などを含んだデータとなります。「その他の教育、学習支援業」には、学習塾や社会教育（公民館、図書館、博物館等）などを含みます。

2点目として、〝日本社会は忙しい〟とか、〝猛烈サラリーマンだらけ〟というイメージを世間的には多くの人がもっているかもしれませんが（わたしもそうでした）、データを見る限り、定時前後で帰ることができている人（週35～42時間労働）は、小・中学校以外であれば、3割強～6割強います。〝不夜城〟と言われる国家公務員も、官庁や部署、役職などにもよるでしょうけれど、平均すれば、約6割が定時前後で仕事を終えています。これに対して、**小・中学校教諭は、この比率が極端に低く、1％もいません**（仮に自宅持ち帰り仕事が週0時間であったとしても、労働時間が週45時間未満の人は、小学校教諭の4・7％、中学校教諭の3・1％しかいません）。

3点目として、労働時間が週80時間以上（月当たりの時間外労働が160時間以上）という、過労死ラインの倍の水準の過酷な労働環境にいる人は、中学校教諭で15・8％であり、どの業種よりも突出して高いということです。

4点目として、以上の点と関連しますが、小・中学校教諭で過酷な労務環境に耐えられないという方は、他の教育機関や教育・学習支援業などに転職したほうがよい、ということを示唆します。言い換えれば、それだけ長時間労働というのは、現実的には、**教師という仕事の魅力を下げてしまっている**のです。

もうひとつ別のデータも紹介しましょう。連合総合生活開発研究所（連合総研）の民間企業雇用労働者へのアンケートによると、週60時間以上働く人が最も多いのは建設業で、その割合は13・7％でした。建設業のこの割合は、労働力調査の結果とも整合します。教員と同じ専門職であり、多忙化が問題視されている医師については、週60時間以上の人は40・０％でした*9。

学校は、よのなかの平均や他業界と比べても、はるかに〝真っ黒（ブラック）〟です。

◎小・中学校の副校長・教頭の６割は過労死ライン

以前より指摘されていましたが、今回の教員勤務実態調査によって、副校長・教頭は、やはり最も長時間労働の割合が高い職種であることが確認されました。**週60時間以上勤務（持ち帰り残業を含まない）の過労死ラインを超える副校長・教頭の割合は、小学校で62・８％、中学校で57・８％**にも上ります。

◎学校の多忙は期間限定ではない、ほぼ通年

教員勤務実態調査は、２００６年度にも実施されています*10。小・中学校教諭の7月（第1期）から12月（第６期）までの各月のデータを見ると、子どもたちが夏休みの8月を除き、**1日約2時間の残業が恒常的に発生**しています。これは平均なので、当然もっと多い人もいます。学校の多忙は、ある期間限定ではない、ということです。

◎1日10分も休憩をとれない〝長時間過密労働〟

２００６年度調査でもうひとつ注目すべきは、**休憩時間が1日10分あるかないか**という実態です（８月を除く）*[11]。本書執筆時点では２０１６年度調査の休憩時間の結果は公表されていませんが、10年以上前からこの状態だったのです。

これは、毎日猛烈に働く企業人もビックリかもしれません。先生はお昼ご飯中（給食時間）も休めませんし、子どもたちの休み時間中も授業準備や見守りをしています。また、子どもが帰った後も、会議や書類作成、授業準備、部活動の指導、保護者対応などが休みなく入ってきます。ちなみに、同じ調査で高校のデータでは、１日の休憩時間は平均約30分ですので、これも問題ではありますが、小・中のほうがより深刻です。

「膀胱炎は教師の職業病」と言われているのをご存じですか？　なぜそう言われるかは、もうおわかりですね？　トイレに行く暇もないからです。

教育学が専門の児美川孝一郎教授は、「多忙化」というよりは、**「長時間過密労働」と言うべき**と述べています*[12]。長時間労働の問題に加えて、「過密」である点にも注目する必要があります。

◎労基法違反が学校の〝常識〟⁉

休憩時間をまともに取れないことは、実は、明白な労働基準法違反です。労基法第34条では、「使用者は、労働時間が６時間を超える場合においては少くとも45分、８時間を超える場合においては少くとも１時間の休憩時間を労働時間の途中に与えなければならない」としています。

たまに教員（それも管理職）のなかに、「教員は労働基準法の適用外なので」と言う方がいますが、それはウソ・誤解です。「教員には労働基準法第37条が適用除外となっているだけであるにもかかわらず、労働基準法による労働時間に係る規制が全て適用除外されており、管理職は教員の時間外勤務やその時間数を把握する必要はないという誤解が生じている」と、10年近く前の文科省の検討会議（２００８年）でも述べられています[*13]。

休憩時間が非常に少ないことについて、わたしのフェイスブックでは次のような教職員の声がありました。

●休憩時間なんてものは、小学校の担任をしているとあり得ません

●休憩？　だれもとれてないです。実質子どもがいる間はとれないですし。子どもが下校した後から仕事するからとれませんし。とれないようにできている、と思ってしまいます

学校には、総労働時間の多さや時間配分の問題もありますが、休憩時間のないノンストップ労働である点も大きな問題です。

ところで、日本の学校数（小・中・高）はいくつあるか、ご存じでしょうか？　約3万7、０００校です（２０１６年5月、学校基本調査）。これは、日本中のセブン‐イレブンとファミリーマート（サークルKサンクスと統合）の店舗を合わせた数とほぼ同じです。この**2つの大手コンビニの全国各地の店舗で、休憩時間を7、8分しか与えず、1日11、12時間も働かせていたら、どうですか？**　「〝ブラック〟だ、法令違反だ、労働搾取のとんでもない企業だ」と大問題になるでしょう。それと似たことが、学校では横行しています。

◎勤務時間外労働、休憩時間ナシを当然視している学校と教育行政

図表1－4は、「東京の先生になろう」というトップページの東京都教育委員会のウェブサイトに紹介されている「東京の先生の1日、1週間」の一部です。

これを見ると、非常に熱心な先生であることがわかります。朝7時10分から実質的な勤務がスタート。おそらくこの学校の勤務時間は8時15分～16時45分でしょうが、放課後②の保護者対応、打ち合わせ、教材研究等が16時30分から15分間で終わることはほとんどありえないでしょうから、時間外勤務を当然視しています。本書では掲載しませんが、このパンフレットには児童の昼休み中も一緒に遊ぶ先生の写真があります。つまりこの時間も、教師にとっては休みではないということです。

誤解してほしくありませんが、わたしはこの先生個人を批判、攻撃したいわけではありません。**問題は、都教委が公式に作成した案内でさえ、早朝や夕方・夜の残業は当たり前のように考えている**ことです。公立学校教員に、時間外勤務は原則として禁止されているにもかかわらず（後述しますが、超勤4項目を除く）。

もちろん、教員志望の方に、現実をきちんと見せたほうがよいという考え方（なってから後悔しないように）なのかもしれません。しかし、このウェブサイトやパンフレットからは、教員の労働時間にあまりにも無頓着な教育行政の姿、さらに意地悪く読めば、「早朝から夜まで一生懸命頑張る教師になってほしい」というメッセージが透けて見えます。

また、15時45分～16時30分と、終業15分前に休憩時間があることにも注目してください。小・中学校では給食や清掃も〝指導〟に必要な時間とされるため、このような変な時間帯に休憩時間が設定されて

■図表１－４　東京都教育委員会パンフレットで紹介されているある小学校教諭（特別支援学級担当）の１週間

	時間	月	火	水	木	金	土
起床	5：45	朝起きたら、身支度をし、朝食を取りながら、学校に着いたら何をするのかを考えたり、登校して来る子供たちの様子を想像したりして、１日の予定を確認します。					
通勤	6：50～7：10	片道 20 分程度かけて、自転車で通勤しています。適度な運動にもなり、頭がすっきりした状態で学校に到着することができます。					
学校到着	7：10	朝は、窓を開けて、教室の換気をし、机を整頓します。きれいな空気が通ったり、机が整頓されていたりすると、教室がさわやかな空気に包まれます。児童が１日を元気よく過ごせるようにするために大切なことです。					
職員朝会	8：15	校長のお話の後、学校全体で周知すべき連絡事項の確認をします。					
１時限	8：45～9：30	朝の学習					
２時限	9：35～10：20	体育	ステップタイム外国語	体育	道徳	生活単元	学校公開日※年間８日間
３時限	10：40～11：25	算数	国語	図工	算数	体育	
４時限	11：30～12：15	国語	算数	図工	国語	生活単元	
		給食					
	13：00～13：20	昼休み					
５時限	13：40～14：25	音楽	生活単元	生活単元	音楽	図書	
６時限	14：30～15：15	委員会活動クラブ活動（月に１回ずつ）	総合		生活単元	総合	
放課後①		打合せ学級事務	・校内研究・区研究会・職員会議		学年会	分掌部会（月１回程度）	
	15：45～16：30	休憩時間					
放課後②		保護者へ連絡、学級間・交流学級と打合せ、学級事務、学校対抗スポーツ大会練習（時期により）全てが終わったら、自分の仕事（教材研究など）に取り掛かります。					
退勤		退庁後は、整骨院へ体のメンテナンスに行きます。行事前はどうしても業務量が多くなるので、帰宅が遅くなることもあります。食事は自炊することを心掛けていますが、疲れている時は簡単に済ませ、就寝時間を確保します。					
就寝	23：30～0：30						

出所）東京都教育委員会の教員採用案内のウェブサイトより一部抜粋

いることは珍しくありません。この先生の場合、７時過ぎに来て、16時前まで、９時間近く休憩なしというわけで、**とても人間らしい労働環境とは言えません。**しかも、先ほど述べたとおり、休憩時間後の放課後の仕事も多いわけですから、ほとんどの教員が休憩をろくにとらずに、教材研究や提出物のチェック、打ち合わせなどをしています。

つまり、「休憩を規定通りに取ってさらに残業がかさむくらいなら、休憩は取らない」というのがごく自然な学校現場の〝常識〟、**休憩時間は名目だけ**なのです（児童生徒の来ない夏季休業中等を除く）。

これは、教育行政の姿勢にも現れています。内田良准教授が埼玉県、群馬県ほか教育委員会の初任者研修資料を調べたところ、教師の1日という説明のなかに休憩時間の記載はありませんでした[*14]。内田准教授は、「これでは、教育行政が労基法違反を推奨しているようにさえ見えてしまう」と述べています。

◎若手ほど過重労働だが、平均的な50代も過労死ライン

図表1－5は、2016年度の教員勤務実態調査から、1日当たりの労働時間を男女・年齢別に見たものです。ここからわかることとして、3つポイントがあります。

第一に、一目瞭然ですが、**若い人ほど労働時間が長い**傾向にあります。最も長時間である男性・30歳以下では、週の労働時間（持ち帰りを含む）に換算すると、小学校は約66時間、中学校は約74時間ですから、1ヵ月当たり小学校では100時間以上、中学校では130時間以上残業しています。平均でこの水準ですから、20代の若手は大変な苦労をしているということです。

第二に、とはいえ、**長時間労働は性別・年齢を問わず、蔓延**しているという事実です。61歳以上は再任用などで特殊ですから除いて考えると、労働時間が比較的短い男性・51～60歳でさえ、週の労働時間は小学校で約60時間、中学校で65時間と、平均値の人でも過労死ラインに入っています。

関連して、教育学者の舞田敏彦氏は、OECD・TALISの総労働時間のデータを20代、30代、40代、50代という年齢層別に国際比較しています。日本の教員はどの年齢層も（つまり日本国内では他の世代より労働時間が短い50代でさえ）外国と比べると長時間働いている、という結果を示しています[*15]。

第三に、前述の2番目の点と重なりますが、小・中学校とも男女の差はそう大きくない、ということです。小・中とも、30歳以下と31～40歳では男性のほうがやや労働時間は長いのですが、1日20分程度

■図表1－5　男女・年齢別1日当たりの労働時間

（時間：分）

小学校

	平日			土日		
	合計（持ち帰り含む）	学内勤務時間（持ち帰り含まない）	持ち帰り時間	合計（持ち帰り含む）	学内勤務時間（持ち帰り含まない）	持ち帰り時間
男性・30歳以下	12：18	11：56	0：21	2：23	1：31	0：51
男性・31～40歳	11：53	11：27	0：26	2：11	1：14	0：56
男性・41～50歳	11：39	11：09	0：30	2：13	1：06	1：06
男性・51～60歳	11：07	10：44	0：23	1：52	0：59	0：52
男性・61歳以上	10：06	9：40	0：26	1：54	1：12	0：41
女性・30歳以下	12：06	11：45	0：21	2：22	1：20	1：02
女性・31～40歳	11：38	11：04	0：33	2：17	1：01	1：15
女性・41～50歳	11：40	10：59	0：40	2：24	0：55	1：28
女性・51～60歳	11：34	11：01	0：33	2：11	0：56	1：15
女性・61歳以上	11：03	10：32	0：30	2：17	1：05	1：12

中学校

	平日			土日		
	合計（持ち帰り含む）	学内勤務時間（持ち帰り含まない）	持ち帰り時間	合計（持ち帰り含む）	学内勤務時間（持ち帰り含まない）	持ち帰り時間
男性・30歳以下	12：28	12：13	0：15	5：36	4：40	0：56
男性・31～40歳	12：13	11：54	0：19	5：24	4：15	1：08
男性・41～50歳	11：53	11：31	0：21	5：00	3：31	1：29
男性・51～60歳	11：21	11：01	0：19	4：07	3：01	1：06
男性・61歳以上	10：14	10：05	0：08	3：17	2：28	0：48
女性・30歳以下	12：18	12：01	0：16	4：51	3：51	0：59
女性・31～40歳	11：47	11：24	0：23	4：06	2：57	1：08
女性・41～50歳	11：32	11：03	0：28	3：31	2：08	1：23
女性・51～60歳	11：36	11：14	0：21	3：26	2：11	1：14
女性・61歳以上	10：25	10：09	0：16	2：09	1：15	0：54

※勤務時間については、小数点以下を切り捨てて表示。

出所）文部科学省「教員勤務実態調査（平成28年度）の集計（速報値）について」

の差ですし、51～60歳では女性のほうがやや長く働いています。

男女の労働時間の差がほとんどないことは、平等や業務分担の観点からは望ましいのですが、家事・育児の負担なども考えておきたいと思います[*16]。

教員についての調査ではなく、一般的な調査ですが、5～6割の女性が、妻のほうが家事・育児の8割以上をしていると回答し、また2～3割の女性が、妻のほうが家事・育児の60～79%をしていると回答しています（**図表1－6**）。この傾向のように、家

■図表1－6　妻（常勤の場合）の家事・育児の分担割合
（総量を100としたとき）

	40%未満	40～59%	60～79%	80～89%	90～99%	100%
妻（常勤）の家事分担割合	5.8	8.0	21.5	21.0	30.0	13.7
妻（常勤）の育児分担割合	6.2	14.7	32.2	20.3	20.9	5.6

出所）国立社会保障・人口問題研究所「第5回全国家庭動向調査　2013年」

事・育児、あるいは介護等の負担が女性教諭にかかりやすいとすれば、**労働時間はそう大きな差はなかったとしても、自由時間は女性教諭のほうがはるかに短い**可能性が高いと考えられます。

※蛇足ですが、全国家庭動向調査は女性が回答したものを集計していることに注意が必要です。うちの夫婦もそうですが、「自分のほうがたくさん家事・育児をしている！」と自己評価は甘くなりがちかもしれません（笑）。今日のこの原稿のあと、わたしは夕食を作ります。

◎ほかの調査でも、〝ブラックな学校〟は明らか――小・中学校教員の65～75％、高校教員の約半数は月100時間以上残業

ＯＥＣＤ・ＴＡＬＩＳや教員勤務実態調査以外の調査でも、日本の教員の過重労働は明らかとなっています。

連合総研が２０１５年12月に実施した「教職員の働き方と労働時間の実態に関する調査」によると、公立小学校教員１、９０３人、中学校教員１、０９４人が回答した結果、**週60時間以上、つまり過労死ライン以上働いている教員の割合は小学校で72・9％、中学校は86・9％**という非常に高い割合でした（自宅での持ち帰りや休日の仕事も含む。また、週50～60時間の人が小学校で27・1％、中学校で13・1％）[*17]。**小・中とも、50時間未満の教諭はゼロ**でした。

もうひとつ、別の調査も見ましょう。愛知教育大学等の４大学の２０１５年調査に

■図表1－7　愛知教育大学等の共同調査に見る教員の労働時間

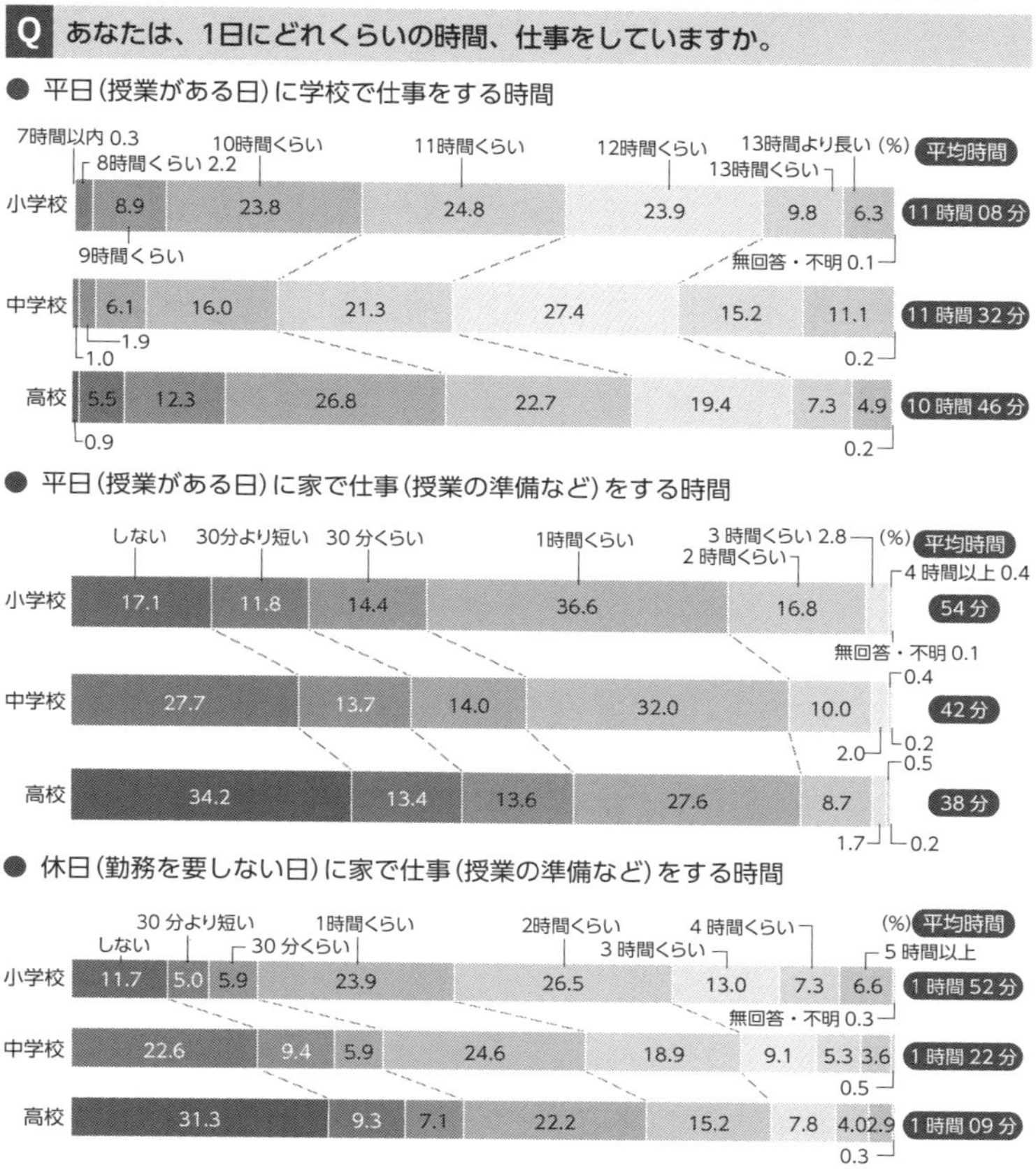

出所）愛知教育大学等『教員の仕事と意識に関する調査』

よると、小・中・高の教員の1日（授業がある日）の労働時間の分布は**図表1－7**のようになっています[*18]。この調査は全国の小学校教員1、482人、中学校教員1、753人、高校教員2、138人に調査した比較的規模の大きなものです（管理職は対象外）。

やはり**定時前後で帰れている人はほとんどおらず、学校で仕事をする時間が11時間以上の人は小学校64・8％、中学校75・0％、高校54・3％です。**これに自宅残業（平均して40〜60分）や休日の仕事（平均して1〜2時間）も加わりますから、**平日学校で11時間以上勤務の人は、おおよそ**

月平均100時間近く、ないしそれ以上働いており、過労死ラインを超える過酷な状態です[*19]。小・中についてのこの結果は、2016年度の教員勤務実態調査ともおおむね似た傾向を示しています。

愛知教育大学等の調査で、もうひとつ注目したいのは、**小・中・高それぞれのなかで教員間の差もかなりある**ということです。自宅での持ち帰りや休日の仕事はしないという人も一定割合いる一方で、自宅等で1日2時間以上残業するという人もかなりいます。また、平日1日の学校での残業について、約1～2割の教員は1時間程度で済んでいますが、1日の勤務時間が13時間以上、つまり月平均およそ140時間以上の残業をしている可能性が高い、大変過酷な労務状況にある人も、小学校16・1%、中学校26・3%、高校12・2%もいます。

◎平均だけ見ていても危ない――月200時間残業もいる

ここまで見てきたのは、どちらかと言うと、日本全体の傾向、平均的な像でした。しかし、ばらつきが大きい場合は、平均だけを見ていても危ういところがあります。それに、過重労働に置かれている個々人にとっては、平均値やさらに言えば、ほかの人との比較はそれほど重要ではありません。本人の過酷な現実こそが問題なのですから。そのため、個々の学校ごとに個々人の労働実態を見ていくことも重要です。

図表1－8は、名古屋市立のある中学校のデータで、2014年度の時間外在校時間の記録です[*20]。一番下の欄は全員の平均時間ですが、8月と1月を除いて80時間を超えています。やはり最も忙しい時期は4月で、平均でも119時間です。教員勤務実態調査などの既往調査の多くは4月に実態把握をし

■図表１－８　名古屋市立Ａ中学校における時間外在校時間（分単位は切り捨て）

	職・所属	分掌教科	部活	2014 4月	5月	6月	7月	8月	9月	10月	11月	12月	2015 1月	2月	3月	合計	月平均
1	校長			112	99	57	70	18	63	62	58	55	59	60	71	784	65
2	教頭			187	137	116	117	56	110	85	89	85	93	99	132	1306	109
3	主幹教諭	社		134	93	64	79	26	83	94	77	75	73	80	92	970	81
4	教務　2	体		149	108	112	92	27	102	133	84	96	95	106	118	1222	102
5	校務　2	国	ソフトテニス	180	148	142	147	100	156	143	110	140	106	107	152	1631	136
6	1－A	社	バレーボール	152	125	139	108	49	142	165	123	120	96	147	99	1465	122
7	1－B	体	剣道	37	17	21	27	1	23	22	15	65	22	62	41	353	29
8		理　講師	園芸	54	61	64	73	6	80	53	35	45	55	47	31	604	50
9	1－C	英		58	39	52	40	1	37	48	42	43	27	45	35	467	39
10	1－D	国	バスケ　男子	223	185	172	175	17	181	189	128	106	131	145	87	1739	145
11	1－E	英	卓球女子	110	91	97	104	8	111	127	92	75	71	92	83	1061	88
12	主	技（転）	ソフトテニス	122	147	141	154	59	153	148	107	115	89	101	118	1454	121
13	1－JK	特別支援	バスケ　男子	147	127	128	136	14	137	112	103	105	91	119	107	1326	111
14	2－A	体	ハンドボール	160	133	101	114	52	144	115	111	126	92	108	139	1395	116
15	2－B	社（転）	バレーボール	100	131	135	100	46	115	143	110	105	79	123	107	1294	108
16	2－C	数	園芸	119	93	109	83	11	87	90	82	46	60	99	57	936	78
17	2－D	音　講師	バレーボール	196	179	178	150	63	169	235	179	152	147	192	142	1982	165
18	2－E	理		39	38	33	32	1	29	33	30	21	26	32	24	338	28
19		英		37	45	50	52	2	32	34	31	31	39	44	37	434	36
20	主	理		46	42	35	37	3	34	42	27	24	29	40	31	390	33
21	生指	体	バスケ　女子	118	92	104	73	59	116	81	102	94	71	74	107	1091	91
22	2－JK	特別支援		34	24	25	23	3	16	20	15	14	15	21	19	229	19
23	養護	講師		47	44	42	33	4	35	30	20	14	14	28	37	348	29
24	3－A	英　講師	ハンドボール	150	139	97	136	40	161	178	132	96	110	134	80	1453	121
25		理（転）	ソフトテニス	157	195	141	175	71	183	201	161	167	127	186	127	1891	158
26	3－B	社	サッカー（男）	182	198	109	138	27	147	147	129	109	120	141	106	1553	129
27	3－C	国	ソフトテニス	205	221	171	180	65	198	237	174	146	130	163	137	2027	169
28	3－D	美	卓球女子	146	153	106	140	14	126	145	111	104	103	130	79	1357	113
29	3－E	数	バレーボール	178	158	130	112	48	160	188	130	138	117	182	104	1645	137
30	主	数	サッカー（男）	171	170	112	127	16	135	152	129	122	126	154	103	1517	126
31		家		42	50	23	18	0	21	22	15	15	22	22	13	263	22
32	3－JK	特支講師	剣道	124	131	86	84	32	107	104	96	114	60	116	79	1133	94
33	養護			45	33	25	22	55	29	33	21	13	16	21	32	345	29
34	事務			89	53	59	59	10	41	29	50	42	47	54	90	623	52
35	（6月復帰）			／	／	5	4	0	18	13	17	24	18	6	11	116	12
平均の時間外在校時間（分単位切り捨て）				119	109	90	92	29	99	104	84	82	74	94	81	36742	平均90時間

出所）大橋・中村（2016）

ていませんので、現実には学校の現場は調査結果よりもひどい可能性が高いことが示唆されます。

個人別に見ると、運動部顧問では月１００時間超えはざらにいて、１ヵ月で１８０時間とか２００時間を超える人もいます。月２００時間とは、平日約８時間（つまり朝７時過ぎに出勤し、夜中11時か12時頃まで）と休日約３時間の時間外労働を１日も休まず、毎日続けた場合になる異常な水準です。また、番号17、24の教員は講師の職なので、非正規雇用ですが、１５０時間を超える残業を強いられている月もあります。

先ほど紹介した２０１６年度の教員勤務実態調査などでも、月１

40時間とか160時間を超える残業をしている人もいることが確認されています。
名古屋市ではパソコンへのログイン、ログアウトで出退勤の記録を行っているので客観性が高いデータなのですが、それでもパソコンを終えた後の部活動や持ち帰り業務などはカウントされない部分も多いと思われます。他の地方公共団体では自己申告に基づいた集計によるものもあり、ひどい場合は管理職から少なめに申告するように〝指導〟が入るケースもあるということが、国会審議の中でも問題提起されています[*21]。こうしたことから、調査結果に現れているよりも、現実の労働時間はもっと長い可能性も高いと考えておいたほうがよいと思います。

以上、紹介したさまざまな調査結果からわかるのは、小・中・高における長時間過密の過重労働の実態です。電通の高橋まつりさんの過労自殺は大きく注目され、国の働き方改革を進める原動力ともなりました。「はじめに」でも紹介したように、彼女の残業時間は月130時間を超えることがあったと報道されています。どちらの仕事が軽い重いと論じる問題ではありませんが、**電通よりもはるかにひどい現実が、日本中のあなたのすぐ近くの学校にはある**のです。

❖〝ブラック〟の内訳――先生たちは、いったい、何に忙しいのか

◎相当の時間をかけているのは、授業準備、給食・清掃、部活動、成績処理、学校行事等

それでは、先生たちはいったい、何にこれほど忙しいのでしょうか？　本書では、2つのアプローチ

を考えます。ひとつは、多くの人が多くの時間を使っているのは何かを観察します（Aと呼びます）。もうひとつは、忙しい人ほど何に時間を使っているかについて分析します（Bと呼びます）。

■図表1－9　労働時間の二階層の考え方

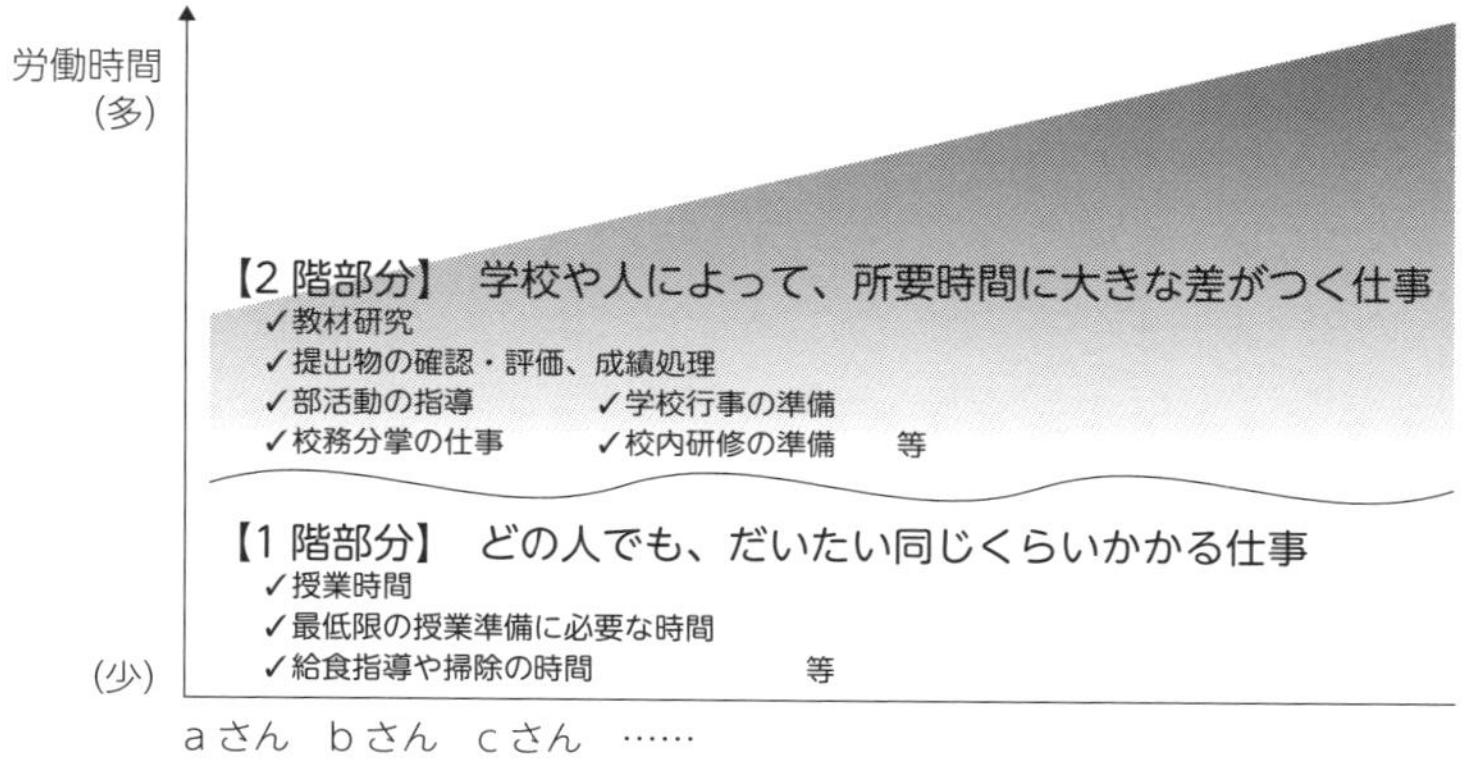

この2つは似ていますが、少しちがいます。**図表1－9**を使って説明しましょう。縦軸は労働時間の長さを表わし、横軸は教員ごとに総労働時間の短い人から長い人まで順番に左から右へ並べたと考えてください（同じ学校種で比べたときとします）。

1階部分と書いたのは、どの人でも、だいたい同じくらいかかる仕事時間です。たとえば、授業時間は地域や教科によって異なりますが、個人の努力でそう増減できません。最低限の授業準備に必要な時間も、それほど大きな学校間のちがいや個人差はないと思います。給食指導や掃除の時間も担任が見るのであれば、どの学校でもほぼ同じくらいかかっています。

この1階部分は、先ほどの（A）の論点に関わります。多くの人がほぼ同じように多くの時間をかけているものをなんとかできないか、という論点です。

さらに教員の仕事は、この1階部分だけではありません。**2階部分としたのは、学校や人によって、所要時間に大きな差がつく仕事**です。たとえば、部活動の指導は、顧問をするかどうかや何部をもつか、どこまで熱意をもってやるか等によって労働時間に差がつきます。教材研究も、最低限必要なことは1階部分ですが、最低限を超える部分は、人によって大きな差があると思います。どこまでやってもキリがない性格もありますし。

この2階部分は（B）の論点に関わります。忙しい人ほど何に時間を使っているか。それは必ずしも悪いことや非効率と決めつけることではありませんが、そこまで本当にかける必要があるのかを問う必要があります。

家計でも同じです。家賃や学費など毎月ほとんど変わらない固定費と、食費、娯楽費などの変動費がありますよね。（A）は固定費、（B）は変動費に近いです。

さて、（A）について見ます。２０１６年度の教員勤務実態調査の速報では、教諭の学内勤務時間の内訳についての結果が公表されています（**図表1－10**）。先生たちはどこに時間を取られているでしょうか？　細かなところの改善も必要ですが、やはり時間の大きいところの改善や改革を考えないと、大きな効果はありません。家計の節約などでもそうですよね（ほんとはスーパーで１００円や10円のちがいに一喜一憂するよりは、飲み会を1回減らしたほうがよいのですがね、なかなかできません……）。

このデータは10年前との比較もできます（ただし、サンプルの数も年齢層分布なども異なることに注意）。小・中ともに授業に最も多い時間を使っていますし、２００６年度と比べても増えています。これは報道等されているとおり、学習指導要領の影響もあります。学校や個人の努力では如何ともしがたいところです。

■図表1－10　教諭の1日当たりの学内勤務時間（持ち帰り時間は含まない）の内訳（平日）

（時間：分）

	小学校			中学校		
	平成18年度	平成28年度	増減	平成18年度	平成28年度	増減
a 朝の業務	0：33	0：35	+0：02	0：34	0：37	+0：03
b 授業	3：58	4：25	+0：27	3：11	3：26	+0：15
c 授業準備	1：09	1：17	+0：08	1：11	1：26	+0：15
d 学習指導	0：08	0：15	+0：07	0：05	0：09	+0：04
e 成績処理	0：33	0：33	±0：00	0：25	0：38	+0：13
f 生徒指導（集団）	1：17	1：00	-0：17	1：06	1：02	-0：04
g 生徒指導（個別）	0：04	0：05	+0：01	0：22	0：18	-0：04
h 部活動・クラブ活動	0：06	0：07	+0：01	0：34	0：41	+0：07
i 児童会・生徒会指導	0：03	0：03	±0：00	0：06	0：06	±0：00
j 学校行事	0：29	0：26	-0：03	0：53	0：27	-0：26
k 学年・学級経営	0：14	0：24	+0：10	0：27	0：38	+0：11
l 学校経営	0：15	0：22	+0：07	0：18	0：21	+0：03
m 会議・打合せ	0：31	0：24	-0：07	0：29	0：25	-0：04
n 事務・報告書作成	0：11	0：17	+0：06	0：19	0：19	±0：00
o 校内研修	0：15	0：13	-0：02	0：04	0：06	+0：02
p 保護者・ＰＴＡ対応	0：06	0：07	+0：01	0：10	0：10	±0：00
q 地域対応	0：00	0：01	+0：01	0：01	0：01	±0：00
r 行政・関係団体対応	0：00	0：02	+0：02	0：01	0：01	±0：00
s 校務としての研修	0：13	0：13	±0：00	0：11	0：12	+0：01
t 会議・打合せ（校外）	0：05	0：05	±0：00	0：08	0：07	-0：01
u その他の校務	0：14	0：09	-0：05	0：17	0：09	-0：08

※勤務時間については、小数点以下を切り捨てて表示。
※平成18年度は、第5期の集計結果と比較。平成18年度は、「勤務日」のデータで比較。
※「教諭」について、平成28年度調査では、主幹教諭・指導教諭を含む。（主幹教諭・指導教諭は、平成20年4月より制度化されたため、18年度調査では存在しない。）

出所）文部科学省「教員勤務実態調査（平成28年度）の集計（速報値）について」

次に時間を使っているのは、小・中ともに授業準備。教材研究や指導案作成などが含まれますが、1日に1時間20分前後です。授業準備については今のままで質・量ともに十分なのかどうか、また、もっと効率的にできないか（たとえば、教材等の共有）は検討する必要があります。このデータでは現れていませんが、授業準備は自宅持ち帰りや休日残業としても多い仕事です。

問題は、授業や授業準備の次に負担が重いのは何かです。それは、**生徒指導（集団）で、小・中ともに1日約1時間かかっています**。これには、給食指導、掃除指導、登下校指導などが含まれます。児童生徒の昼休みに先生が一緒に遊ぶ場合もこの時間に該当します。これらは正規の授業とは別に行っている活動であり、現状の在り方に見直しの余地はあると思います。

今後の在り方や改善方策は、第４章で議論しますが、ここでは、多くの学校で何に時間を取られているのかを理解しておいてください。よく世間で大変だ、大変だと言われる保護者対応は、１日に10分あるかないかです。

ほかに比較的時間を多く使っているところはどこかと言えば、小学校では、成績処理、学校行事、会議・打合せなども１日30分前後使っていますし、中学校では、部活動、成績処理、学年・学級経営などに１日40分前後かけています。なお、成績処理とは、通知表などの事務に加えて、試験問題の作成、採点、提出物の確認、コメント記入等も含みます。また、部活動については、中学校教諭は休日に平均１日２時間10分かけています。

こうした成績処理や学校行事、会議・打合せ、部活動などは、（Ｂ）の要素も強い仕事であり、必要性やこのままでよいのかどうかは検討する必要があります。また、繰り返しますが、これは平均値に過ぎませんので、特に（Ｂ）の観点では学校や人によって、大きく変動します。そうした点も踏まえつつ、今後どこにメスを入れていくべきかは、第４章で議論したいと思います。

◎部活動の時間が授業準備に匹敵するほど長い人も

ＯＥＣＤ・ＴＡＬＩＳ２０１３をもう少し細かく見てみましょう。日本の中学校教員について、ローデータをもとにクロス集計しました[*22]（明らかな特異値は集計外としています）。**図表1-11**は、１週間の総労働時間でグループ分けした結果です。非常勤講師等で短時間勤務の方もいますので、ここで

■図表1－11　日本の中学校教員の1週間の労働時間の内訳（総労働時間別結果）

（時間）

	仕事時間の合計	指導（授業）	授業の計画や準備	学校内での同僚との共同作業や話し合い	生徒の課題の採点や添削	生徒に対する教育相談	学校運営業務	一般的事務業務	保護者との連絡や連携	課外活動の指導	その他の業務
週30時間以上40時間未満（n=120）	33.1	16.9	5.4	2.4	3.6	1.6	1.4	2.9	1.0	5.7	0.8
週40時間以上60時間未満（n=1,233）	49.7	17.9	7.7	3.4	4.0	2.3	2.4	4.5	1.1	5.6	1.7
週60時間以上75時間未満（n=1,249）	64.3	18.3	9.6	4.4	5.1	3.1	3.4	6.4	1.4	8.7	2.9
週75時間以上（n=372）	81.2	19.2	11.0	5.3	5.8	4.5	4.3	8.5	1.9	13.3	4.5
（日本全体の平均）	53.9	17.7	8.7	3.9	4.6	2.7	3.0	5.5	1.3	7.7	2.9
（調査参加国全体の平均）	38.3	19.3	7.1	2.9	4.9	2.2	1.6	2.9	1.6	2.1	2.0

	仕事時間の合計	指導（授業）	授業の計画や準備	学校内での同僚との共同作業や話し合い	生徒の課題の採点や添削	生徒に対する教育相談	学校運営業務	一般的事務業務	保護者との連絡や連携	課外活動の指導	その他の業務
週30時間以上40時間未満（n=120）	100.0%	51.0%	16.3%	7.2%	10.9%	4.7%	4.3%	8.8%	3.0%	17.2%	2.4%
週40時間以上60時間未満（n=1,233）	100.0%	36.1%	15.4%	6.8%	8.0%	4.5%	4.9%	9.1%	2.1%	11.2%	3.4%
週60時間以上75時間未満（n=1,249）	100.0%	28.4%	15.0%	6.9%	7.9%	4.7%	5.4%	10.0%	2.2%	13.5%	4.6%
週75時間以上（n=372）	100.0%	23.6%	13.5%	6.6%	7.1%	5.5%	5.2%	10.4%	2.3%	16.4%	5.5%
（日本全体の平均）	100.0%	32.8%	16.1%	7.2%	8.5%	5.0%	5.6%	10.2%	2.4%	14.3%	5.4%
（調査参加国全体の平均）	100.0%	50.4%	18.5%	7.6%	12.8%	5.7%	4.2%	7.6%	4.2%	5.5%	5.2%

出所）OECD国際教員指導環境調査（TALIS）2013をもとに作成

は、週30時間以上働いている常勤の教師が対象です。

最初にわかるのは、この調査でも、週60時間（過労死ライン）を超える人が多い、ということです。週30時間以上40時間未満の人（つまり、ほぼ定時前後で帰れている人）が4・0%とごくわずか、40時間以上60時間未満の人が41・5%、**60時間以上75時間未満の人が42・0%、75時間以上**（単純に計算すると月140時間超の残業）**が12・5%**でした。

これは、先に紹介した2016年度の教員勤務実態調査などともおおむね整合的な結果です。先生たちのカラダ（健康）は大丈夫だろうかと、心配になる結果です。

図表1－11をもう一度ご確認ください。「長時間労働グループの教師ほど、課外活動の時間も長い」ということがわかります。授業時間や保護者対応などはそう大きな差はありません。比較的差が大きいのは、表の中でアミ掛けした、課外活動の指導、授業の計画や準備、一般的事務業務の3つです。これは前述の（B）を意識した分析です。

課外活動には、教育課程外の補習なども含まれますが、多くの時間は部活動が占めると考えて間違いはないでしょう。**週60時間以上75時間未満の人は授業準備に匹敵するくらいの時間を、週75時間以上の人は授業準備より多くの時間を部活動等に割いている**ことがわかります。参考までに、下の表では、総労働時間のグループ別に、何の業務にどのくらいの割合の時間を割いているかも示しました。仕事のうち11～17％を部活動等が占めていることがわかります。

2016年度の教員勤務実態調査でも、部活動の指導日が多い人ほど平日も休日も学内勤務時間が長い傾向にあることが明らかとなっています（**図表1－12**）。顧問をしていない先生と比べて、7日間毎日部活動の指導をしている先生は、平日は1時間近く差がありますし、土日にいたっては1日に4時間以上の差となっています。部活動だけを槍玉に上げたいわけではありませんが、やはり部活動は大きな課題のひとつだということです。なお、運動部だけでなく、吹奏楽部など一部の文化部も相当大きな時間負担がかかっていることがわかります。

◎長時間労働の教師は授業準備や自己研鑽にも熱心

図表1－11から、もうひとつ重要なことがわかります。このデータを見る前、わたしは自分の中学生

■図表１－12　部活動状況別の１日当たりの勤務時間（中学校教諭）（時間：分）

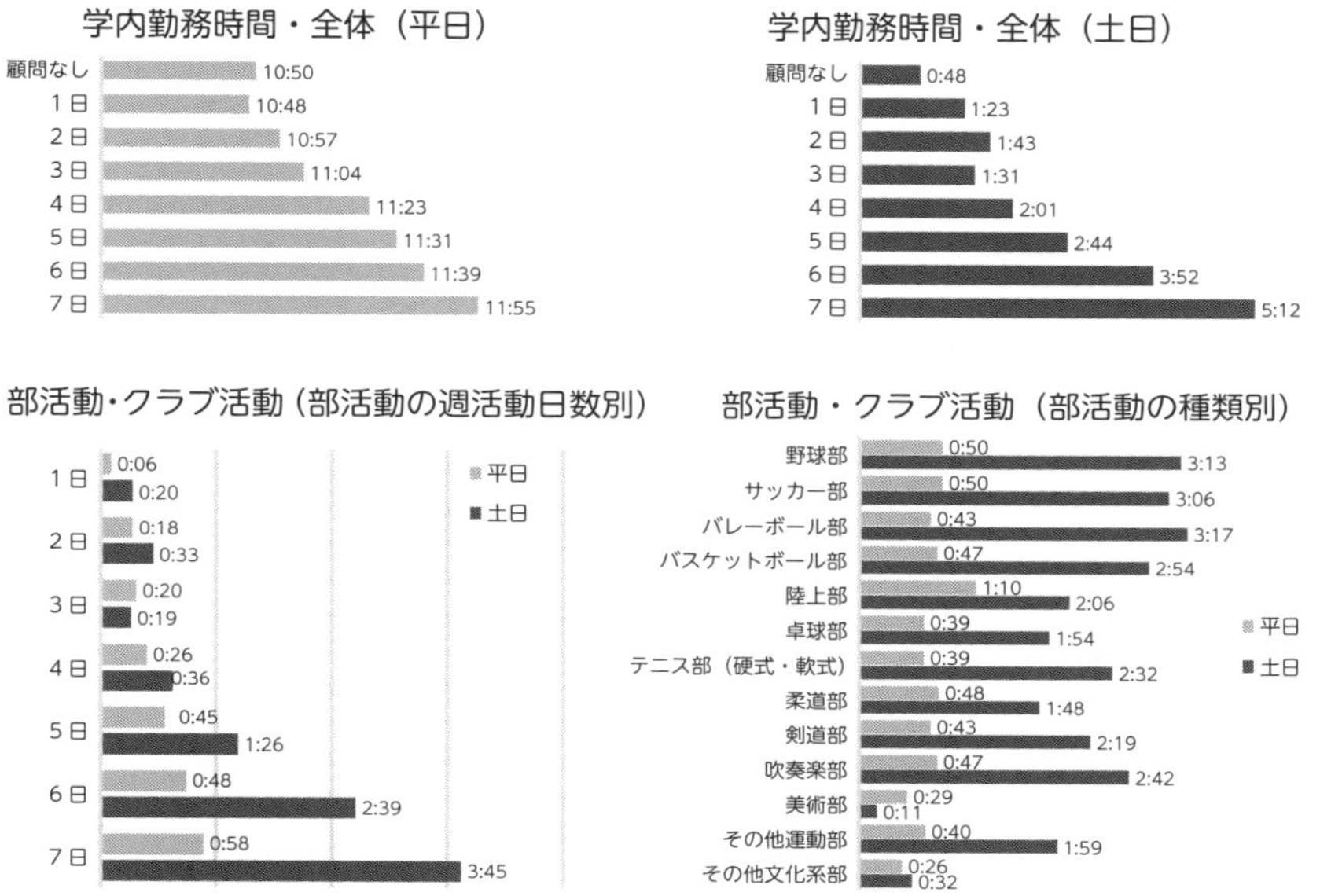

※勤務時間については、小数点以下を切り捨てて表示。

出所）文部科学省「教員勤務実態調査（平成 28 年度）の集計（速報値）について」

■図表１－13　日本の中学校教員の感じている職能開発の必要性（総労働時間別結果）

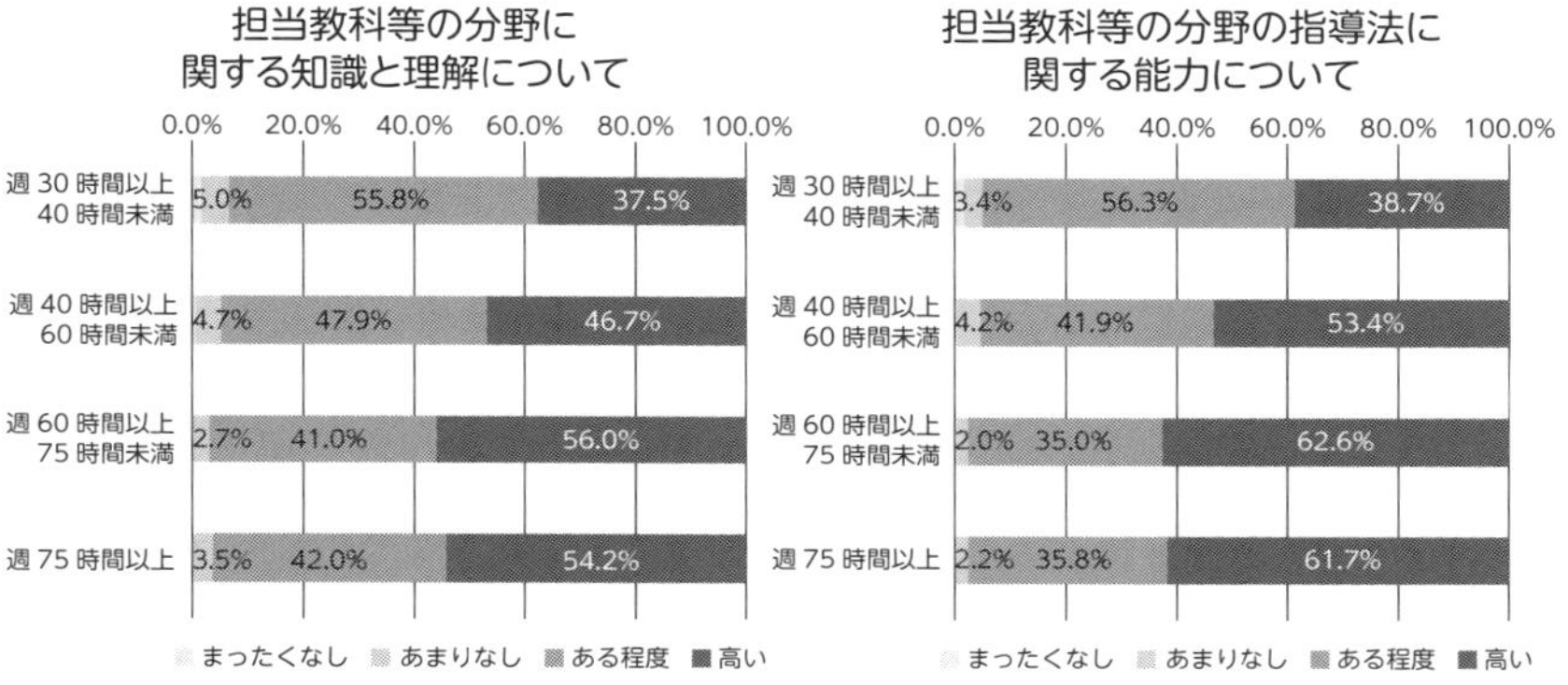

出所）OECD 国際教員指導環境調査（TALIS）2013 をもとに作成

のときの体験から、「部活熱血なのは保健体育の教師などに多くて、ほかの教科に比べると教材準備・研究も少ないだろうから部活動に多くの時間を割けるのかな」と思い込んでいましたが、どうも現実はちがうようです。というのは、週60時間以上働いている教師の多くは、授業準備にもほかの教師と比べて多くの時間を割いている傾向があるからです。

図表1－13は同じＴＡＬＩＳで職能開発、つまり、研修などの自己研鑽の必要性について聞いた質問をもとに作成しました。担当教科等の知識と理解について、また担当教科等の指導法についてともに、職能開発の必要性が「高い」と回答する割合は、週60時間以上働く2つの教師グループでは高いことがわかります。

加えて、週60時間以上の人には、事務業務の時間も相当あります（**図表1－11**）。学校運営のカテゴリーとのちがいは微妙ですが、おそらく校務分掌や学年に関係する業務（会議や書類作成、各種調整など）が含まれていると思われます。また、長時間労働の人ほど、採点や添削にも時間をかけています。

以上のことから示唆されるのは、「**過労死ラインを超えるくらいの長時間労働をしている教師は、部活動も、授業準備も、校務分掌や学年事務、添削も熱心にやっており、もっと時間があれば授業準備や自己研鑽をもっとしたいと思っている傾向が強い**」ということです[*23]。国際比較上も、生徒数との見合いで見れば、授業準備の時間が日本で取り立てて多いとは言えないことは冒頭に述べたとおりです。

ここからも、何事にも一生懸命な教師像がイメージできます。また、部活動は長時間労働を助長する大きな問題であるにはちがいありませんが、**部活動だけの問題でもない**、ということを示しています。

❖多忙感の現状——忙しすぎる現実を教師たちはどう感じているのか

◎９割近くが仕事に追われ生活にゆとりがない

ここまでは、労働時間という「多忙」に注目したデータでした。次に**「多忙感」**についてです。

２００６年度の教員勤務実態調査によると、「仕事に追われて生活のゆとりがない」という質問について、小学校教諭の46・８％が「とても感じる」、39・１％が「わりと感じる」と回答しており、９割近くになります。「どちらともいえない」（９・９％）、「あまり感じない」（２・７％）、「まったく感じない」（０・２％）という結果です。

同じ質問で中学校教諭は、「とても感じる」（48・３％）、「わりと感じる」（37・６％）と回答しており、こちらも９割近くになります。「どちらともいえない」（９・９％）、「あまり感じない」（２・７％）、「まったく感じない」（０・２％）という結果です。

高校教諭は、「とても感じる」（36・４％）、「わりと感じる」（39・３％）と回答しており、小・中と比べると若干低いとはいえ計約75％に上ります。「どちらともいえない」（16・７％）、「あまり感じない」（６・２％）、「まったく感じない」（０・６％）です。

◎突発的な仕事や意味を感じない業務には多忙と感じやすい

栃木県教育委員会では、２００９年と２０１１年に教員に向けてアンケート調査を行っています[*24]（対象は、公立小・中・高・特別支援学校。回答者数は、２００９年は１、００６人、２０１１年は２

８１人）。これによると、自分の職務について**忙しいと感じている教員**は、２０１１年時点でどの校種とも**93～97％**に上ります（２００９年の小・中・高もほぼ同様の結果）。

「多忙感を強く感じるとき」としては、２０１１年の結果は多い順に「予定外の用務が入ってきたとき」（71・０％）、「ずっと多忙な状況が続くと予想されるとき」（58・８％）、「必要や意味を感じない仕事のとき」（44・４％）です（２００９年の結果もほぼ同様）。

「忙しくても負担を感じないときはどんな時か」については、71・５％が「やりがいを感じるとき」、59・６％が「児童生徒のためになると思えるとき」と回答しています（２００９年の結果もほぼ同様）。

横浜市の市立小・中・特別支援学校の教職員へのアンケート調査（２０１４年実施、有効回収数１万１、９７３）においても、忙しくても負担を感じないときについて、「やりがいや満足感を得られているとき」（57・７％）が最も多い回答でした（それにしてもすごい回答者数ですね……）。

また、文部科学省が２０１４年度に全国の公立小・中学校４５１校、小学校教論３、３６４人、中学校教論３、３９３人に調査したところ、50％以上の教員が従事する業務のうち、負担に思う人の割合が高いものは、「国や教育委員会からの調査やアンケートへの対応」、「児童・生徒、保護者アンケートの実施・集計」、「研修会や教育研究の事前レポートや報告書の作成」、「保護者・地域からの要望・苦情等への対応」、「成績一覧・通知表の作成、指導要録の作成」などでした。つまり、子どもと直接関係しないためにやりがいを感じにくい業務については、負担感を感じやすいということがわかります。

これらの調査に限らず「児童生徒のためになることだったら、少々忙しくなっても苦にならない」という言葉は、わたしが多くの教員からたびたび聞くことです。

ここからわかるのは、学校や教職員の取り組みが児童生徒にどのように関係してくるのかという**意味付けが、教職員の多忙感やモチベーション、ストレス・コントロールの点では重要**となってくるということです。

これまで見てきたように、非常に多くの教員は多忙です。この上に多忙感や負担感を募らせるようなものは、大きなストレスとなることでしょう。調査ものや過度な研修レポート、保護者からの苦情、通知表や指導要録の作成等は、仮にそう大きな時間を取られていない場合であっても、改善していく必要があります。

それと同時に、「〝子どものため〟になることは多忙感を増やしにくいから、あまり問題はない」というわけでもありません。〝子どものため〟という美しく、崇高な理由のために、教職員の多忙化が加速している可能性も高いのですから。たとえば、休日の部活動の指導などはこの典型例です。子どものためと言っていけば、さまざまなことが教職員の仕事として、手離れしません。この点については、第３章で解説します。

✳Summary「第1章　だれが、どのくらい忙しいのか」

○OECDの調査によると、日本の中学校教員の労働時間は世界一長く、他の学力先進国と比べても月60~80時間長く働いている。

○教員勤務実態調査（2016年度実施）から推定すると、週60時間以上勤務の過労死ラインを超える人の割合は、小学校教諭の57・8%、中学校教諭の74・1%にも上る。この比率の高さは他の業種と比べても突出して高い。また、月120時間以上残業している人は小学校で17・1%、中学校で40・6%もいる。学校は〝ブラック〟と言われても否定できない状況にある。

○ほかの複数の調査でも確認できることは、日本の小・中・高の教員の半数~7割程度が過労死ラインを超える過酷な長時間労働にある、ということである。休憩時間もほとんど取れておらず、労基法上も大きな問題がある。

○労働時間は教員間の差も大きく、長い人は月180時間や200時間以上残業といった例もあるため、平均値だけを見ていても危うい。

○多くの学校で比較的多くの時間を費やしていることは、おおむね多い順に、授業、授業準備、集団的な生徒指導（給食、掃除、登下校指導等）、部活動、成績処理（提出物チェック等含む）、学級経営（学活等）、学校行事。

○過労死ラインを超える長時間労働をしている教員は、部活動も、授業準備も、校務分掌や学年事務、添削等も熱心にやっており、もっと時間があればもっと授業準備や自己研鑽をしたいと思っている傾向が強い。

○労働時間の長さの問題に加えて、9割近くの教員が仕事に追われ生活にゆとりがないと感じているなど、多忙感やストレスも問題である。

○多忙感を募らせる、調査ものやレポート、保護者対応などは改善していく必要があるが、同時に、多忙感を募らせにくい、〝子どものため〟になることについても、問題として見ていく必要がある。

✴ How about you?

教職員の方は自分自身のことや勤務する学校のこと、保護者や一般の方は自分にとって身近な学校について考えてみましょう。教職員等での研修、ワークショップなどで話してみるのも効果的です（ちょっと宣伝ですが、わたしはこうした研修の講師・ファシリテーターもたくさんしています）。

1　この章ではさまざまなデータ（調査結果や実例）を紹介しました。とくに印象に残ったことはどのような点でしょうか？　なぜそう思いましたか？

2　あなたの学校で、教職員の多くは忙しい（労働時間は長い）でしょうか？

3 **2**に関連して、長時間労働の人には、何か特徴はあるでしょうか？（年齢、運動部の顧問である、教務主任であるなど）　この章で解説した傾向について、あなたの学校にも当てはまること、もしくは当てはまらないことはありますか？

4 **2**のことは保護者の多くには伝わっているでしょうか？

5 次の例のように、24時間円グラフであなたの典型的な1日の過ごし方を書き出してみましょう。次にあなたにとって、理想的な1日の過ごし方を書き出してみましょう。両者のちがいはどこにありますか？

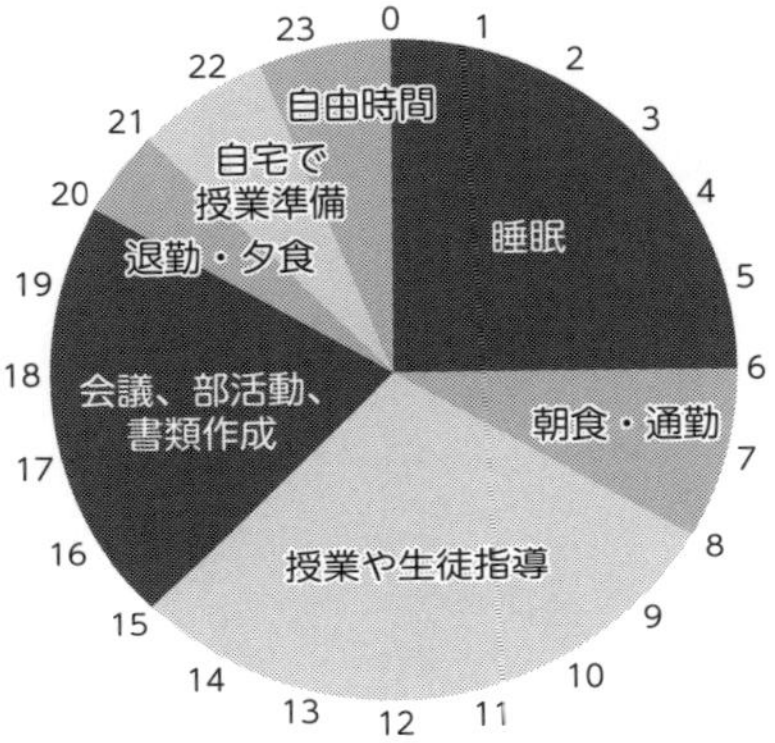

第2章

忙しいのは、なにが問題か

❖長時間労働の弊害――〝熱心にやっているんだから、いい〟では済まない

この章では、「忙しいとしても、それはよくないことなのか？」「好きで熱心にやっているなら、いいんじゃないか？」という疑問について考えていきます。

◎多忙化の重大な影響、4点

結論から先に申し上げると、忙しすぎる学校は、少なくとも4つの重大な影響があります（図表2－1）。

◎授業準備や自己研鑽へ影響

1点目は、**授業準備や自己研鑽への影響**です。

愛知教育大学等の調査（2015年）によると、仕事の悩みとして「授業の準備をする時間が足りない」と答えた教員は、小学校94・5％、中学校84・4％、高校77・8％もいます。

また、第1章で見た栃木県の2011年の調査によると、「教材研究や授業準備に必要な時間をとれていない」という教員は、小学校の76・3％、中学校の68・1％、高校の66・1％に上ります。この割合は2009年から見ても増加しています。

さらにTALIS2013を見てみましょう。教員の職能開発の参加の障壁として、「職能開発の日

■図表2－1　長時間過密労働の重大な影響

1．個人レベルでは、授業準備や自己研鑽の時間が減る。組織レベルでも学習が減る。
- 教職員個人にとっては、読書や趣味、好きなことを追求する時間などが減ることで、広い意味での自己研鑽が犠牲となってしまう。
- 学校という組織、チーム単位で捉えても、個業（あるいは“孤業”）が増え、組織的な改善や学習が進みにくくなる。その結果、さらに多忙化が進む悪循環になる。

2．心身ともに疲れる、病気になる。
- バーンアウトやうつ、自殺、過労死に発展するケースもある。

3．「ともかく長く働けばよい」、「仕事のためには、家庭やプライベートは犠牲にせざるを得ない」と生産性やワーク・ライフ・バランスを軽視することが子どもへ影響する。
（＝隠れたカリキュラムのひとつ）

4．教師が不人気職になってしまう。教員の質の低下へつながる。
- 長時間労働を避けて、教職を選ばない人が増える。また育児・介護等を期に退職する人が増える。
- 上記のことは、教員採用試験の倍率低下とも相まって、教員の質の低下へ影響する。

程が自分の仕事のスケジュールと合わない」という質問について、日本では外国と比べて「妨げになる」という回答は総じて多いのですが、日本のなかで比較すると、「非常に妨げになる」と回答する割合は、長時間労働のグループほど高く、週60時間以上75時間未満の人の42・6％、週75時間以上の人の51・4％がそう回答しています（週30時間以上40時間未満の人では23・3％、週40時間以上60時間未満の人では34・9％）。

労働経済学が専門の玄田有史教授は、『働く過剰』という本の中で「データから垣間見られる**長時間労働のもたらしている最大の弊害とは、能力開発の機会喪失である**」と指摘しています[*25]。これは一般の企業について分析したものですが、これまで紹介してきた各種データからは、学校においても、多忙化により、ゆとりを失う教職員が能力開発の機会と時間を犠牲にしている可能性が示唆されます。

能力開発や自己研鑽と言っても、そうカタク捉える必要もないと思います。趣味や好きなことを追求する時間が減ることも心配され、これらも広い意味では、教師にとっては自己研鑽、魅力的な授業等をするタネのひとつです。

言い換えれば、**多忙な学校の現状を放置できず、働き方改革が必要なのはなぜか。それは、自己研鑽や人材育成のためでもある**のです。

◎先生の読書量は1日30分あるかないか

この点に関連して、多忙化の影響かどうかは検証できていませんが、ひとつ心配なデータは教員の読書時間の少なさです。連合総研の２０１５年の調査によると、教員の１日の読書時間は15～30分程度しかありません。ベネッセ教育研究所が実施した「学習指導基本調査」によると、家で新聞を読んだり、読書したりする時間（平日の１日）は以下のように推移しています。

・小学校教員

１９９８年33・４分（ｎ＝1、０３３）⇒　２００７年31・５分（ｎ＝1、８７２）

⇒　２０１０年30・７分（ｎ＝2、６８８）⇒　２０１６年24・７分（ｎ＝3、２８９）

・中学校教員

１９９８年33・８分（ｎ＝９３８）⇒　２００７年32・３分（ｎ＝2、１０９）

⇒　２０１０年31・９分（ｎ＝２、８２７）⇒　２０１６年23・１分（ｎ＝３、６８９）

・高校教員

２０１０年40・２分（ｎ＝４、７９１）⇒　２０１６年33・６分（ｎ＝６、４３６）

読書等の時間は減少傾向にあり、平均的には1日25～30分程度ということですね。

こうした読書時間等を多いと見るか、少ないと見るか。ひとつの目安として、ＮＨＫが２０１５年に実施した国民生活時間調査によると、勤め人の１日（平日、ｎ＝４、７５０）の新聞を読む時間は10分、雑誌・マンガ・本を読む時間は９分なので、合計約19分です。教員の読書量はよのなかの平均より多少は多いかなという感じです。

むしろ、過労死ラインを超えるほどの過酷な労働時間のなかで、平日30分でも読書等ができているのであれば、よく努力しているほうと評価できるかもしれません。とはいえ、次の指摘にも耳を傾けるべきでしょう[*26]。

西洋東洋を問わず、古来、教えるという不遜な仕事を教師が行うことができたのは、教師自身が他の誰よりも読書をし、学んでいたからである。（中略）そのおおもとが崩れているとしたら、これこそ教育の最大の危機と言うべきだろう。**教師は「教える専門家（teaching profession）」であると同時に「学びの専門家（learning profession）」でなければならない**。知識が高度化し、複合化し、流動化している知識社会においては、なおさらそうである。

◎子どもにとってよかれと思ってきたことが結果的には反対に

長時間労働の影響について考える素材として、次のエピソードを紹介します。ある小学校の先生の典型的な1日です。

9：00　1時間目スタート。
9：45　保護者からの電話にかけなおす。
10：45　保護者からのメールをチェックする。欠席している子どもの保護者から、欠席理由を知らせるメールが来ていなかったので、家に電話。
11：45　給食では子どもたちが、どのように食べ物を取るかを観察。摂食障害の検査を受けることになっている子、アレルギーのある子どもや宗教的な制限がある子もいて、教師の注視は欠かせない。
13：00　今日初めて職員室で同僚とともに休息する。
15：00　すべての授業が終わると、電子メール連絡網を使って宿題を忘れた子どもの保護者に連絡。
週末は休息につとめることにしているが、日曜日の午後から翌週の準備に忙殺されることも少なくない。

休憩時間がなかなか取れないことや保護者対応が必要なことなど、日本の話かと思ってしまいますが、実はこれ、フィンランドです[*27]。日常はかなり似ているのですが、次の点は大きく異なります[*28]。

夏休みが2ヵ月半、6月初めから8月半ばまで約70日あり、そのうち3日だけが研修ということになっている。この長期の休みには、教師は有料の「自己啓発セミナー」や海外の成人学校、語学学校などに出かけ、自己研修を行う。というより、自ら人生を楽しむ。家族と外国旅行に出かけたり、ヨットで湖やバルト海をめぐったりする。そのような探求的な生活が、人生への糧になり、授業の糧になる。

この夏休みの過ごし方は、かなりゆとりを感じますね。国がちがえば、学校の制度も、教師の役割も、環境も異なりますから、一概にどちらがいい、悪いという話ではないのですが、正直うらやましいなと思われた方も多いと思います。わたしは、冗談まじりに日本の先生たちに「転職するなら、フィンランドがいいですよ」と言っています。

わたしは、「**探求的な生活が、人生への糧になり、授業の糧になる**」という一節が強くこころに残りました。さまざまな経験を積んで人生を豊かにすることが、よりよい授業のもとにもなるというわけです。〝ゆとり教育〟の理念を実現するには〝ゆとりある教師〟が必要だったのかもしれません。総合的な学習の時間を充実させるには、教師の側に（総合的なとまでは言いませんが）さまざまな引き出しが必要でしょうし、**アクティブ・ラーニングの実践には、教師自身がアクティブ・ラーナーでなければなりません。**

あとでも述べるとおり、多忙化は心身の疲労、それから精神的な疾患やバーンアウトに発展する可能性があり、かつ、授業準備の時間や自己研鑽を犠牲にする可能性もあります。また、疲労やストレスが溜まれば、ついつい子どもたちにきつく当たってしまった、どこかで余裕がなくなりイライラしてしまっていた、という経験をお持ちの方も少なくないと思います。つまり、**子どものためによかれと思って長時間働いても、それが結果としては、「子どものためにならない」こと**もあります。この点を、一度立ち止まってよく振り返る必要があります。

加えて、「ほとんどの時間を学校で過ごして、家に帰った後や週末は寝るだけ」という生活をしていたら、子どもたちに魅力的な話や深い話、社会は今どうなっているかなど視野の広い話をしていけるでしょうか?

次期学習指導要領で盛り込まれた「社会に開かれた教育課程」というコンセプトも、言葉自体がわかりにくいという問題に加えて[*29]、教員の側に社会と接点をもつ時間と経験が少ないため、イメージしにくいという問題もあります。第1章で紹介したように、過労死ラインを超えるような長時間労働が常態化している職場もありますし、9割近くの教員が仕事に追われ、生活にゆとりがないと言っているのです。そんな状態でどうやって社会に開かれた授業とカリキュラムをデザインし、地域や外部の支援者らも巻き込みながら魅力的な教育活動を企画・実施していけるでしょうか?

日本の先生たちは、子どもたちのために「よかれ」と思って、実に多くのさまざまなことを一生懸命にこなしています。それはすごいことなのですが、**結果として自分の幅やインプットの時間を狭めてしまい、子どものためになることができなくなる、という危険性に早く気づいてほしい**と思います。

◎学校は組織あるいはチームとして学習しているか

心配なのは、教員個人レベルだけではありません。学校が組織あるいはチームとして知識や情報を蓄積し、活かすという組織学習に、多忙化は悪影響を与えます。忙しすぎると、職場で助け合ったり、気づいたことを共有・学習して次に活かしたりする余裕がなくなってきます。すると、**個業（個人プレーの仕事の進め方）、〝孤業〟（孤立した仕事）が増え、組織的に業務改善を進めたり、役割分担を見直したりすることが減りますから**、さらに多忙化に拍車がかかる、**悪循環**となります（詳しくは拙著『変わる学校、変わらない学校』〈学事出版〉の第5章を参照してください）。

次期学習指導要領で重要視されている「カリキュラムマネジメント」についても、各教科で取り組んだことや、教科横断で挑戦してきたことを教科単位や学校全体等で振り返って、教育課程に反映して改善していくことが大切になります。日々の授業準備も十分でないと感じている学校現場で、こうした活動が本当にどこまでできるでしょうか？

多忙化は「学ばない教職員」と「学習しない学校」を増やしてしまうのです。

◎半数近くがとても疲れている職場

2点目に、「多忙化」と「多忙感の増幅」の結果として、教職員の疲労への影響も深刻です。全国7都道府県の公立の小・中学校の教員約1、600人を対象に調査した結果*[30]によると、「普段の仕事でどの程度身体が疲れますか」との質問に対して、「とても疲れる」と回答した教職員は44・9％に及んでいます。企業を対象とした「労働者健康状況調査」（厚生労働省、2002年。母集団約1万6、0

00人に対する標本調査）での同じ質問への回答の結果は14・1％であり、「とても疲れる」と答えた教員はこの3倍以上と言えます。この問題は、精神疾患等にもつながりかねません。

ある市の教員向けストレスチェック調査（2016年）によると、小学校の61・5％、中学校の58・8％が「いつもひどく疲れた」「しばしばひどく疲れた」と回答し、小学校の50・2％、中学校の47・1％が「いつもヘトヘトだ」、「しばしばヘトヘトだ」と回答しています（それぞれ数百～千人規模のサンプル数）。

ストレスチェックは、2015年12月から改正労働安全衛生法が施行され、学校でも実施されているところは多いと思います。あなたの職場はどうでしょうか？　個人に結果を返すだけでなく、職場改善、学校改善にも活かしているでしょうか？

◎6割の教師がバーンアウトの危険

まじめに一生懸命だった人がある日突然、モーターが焼き切れたように疲弊し、働く意欲を失ってしまう。無気力や、ときにはうつ状態になる。このような状態を「バーンアウト（燃え尽き）」と呼びます。古いデータとなりますが、東京都のある市の小・中学校の教員（1992年）、大阪府の小・中・高の教員（1994年）を対象にした調査によると、約34％がバーンアウトの危険域、約15％がバーンアウト状態、5～7％が深刻なバーンアウト状態にあり、計6割が危険な状態であると報告されています[*31]。

バーンアウトは多忙化のみの影響とは限りません。個人的な要因（たとえば、個人のメンタルの強さや育児・家事を抱えながら仕事をしているなどの事情）や職場環境（組織風土等）も影響する可能性はありますが、教員については、仕事内容自体の影響も大きいことが知られています*32。つまり、**学校（教員）が行う必要があるのか疑問な、動機付けが曖昧な仕事が増えると、教員のストレスは高まり、それはバーンアウトにも影響する**という研究結果が出ています。多忙への対応だけでなく、多忙感を解消していくことは、バーンアウトの防止の観点からも重要というわけですが、先に述べたとおり、学校現場の実態として、状況は悪化しています。

❖死と隣り合わせの職場

◎生徒にとても慕われていた熱血教師が過労死

２０１１年6月6日（月）午前1時頃、堺市立中学校に勤務する26歳の教師、前田大仁《ひろひと》さんが一人暮らしの自宅アパートで突然亡くなりました*33。虚血性心疾患でした。前田先生は「熱血先生」と慕われ、市教育委員会の教員募集ポスターのモデルになったこともありました。

前田先生は教職2年目で、2年1組のクラス担任ならびに経験のないバレー部の顧問を務めていました。理科の教科担当としてプリント等を作成するなど熱心に授業準備を行うとともに、学級通信をほぼ毎週発行するなど、教育に情熱をもってあたっていました。部活動では、部員が記入する個人別のクラブノートに励ましや助言をびっしりコメントしていました。

発症前6ヵ月間の時間外勤務は月60～70時間前後と、過労死認定基準に満たない時間しか認められませんでしたが、「相当程度の自宅作業を行っていたことが推認される」として、地方公務員災害補償基金は2014年に公務上の過労死として認定しました。

◎新採後半年で自殺 〝こんな気分になるために一生懸命教師を目指したんじゃない〟

2006年には、西東京市の市立小学校に勤務していた新任女性教諭（25歳）が、採用されて半年後の10月に自殺を図り、意識を取り戻さないままその2ヵ月後に亡くなりました[*34]。

この先生は、2年生の学級担任、体育委員にもなり5月は運動会に向けた準備などで忙しくしていました。そんななかで、小さな「事件」が続きました。クラスの子の体操服が隠され、トイレ内で見つかったり、上履きが下駄箱の上の方に置かれたり。コンビニで男児が万引きする事件も起きたのです。店の防犯ビデオで確認できたものの、保護者は万引きの事実をなかなか認めず、彼女は終電の時間まで、店と保護者と話し合いをしました。

6月21日の母親あてのメールには「仕事、毎日睡眠削っても全然追いつかないぐらいで……」と綴られていました。7月にうつ病と診断され、8月末までは病気休暇を取りましたが、9月1日からは復帰しました。

そんななか、夏休みの作品を教室に展示する際、ある児童の作品の展示だけをうっかり忘れてしまいました。この児童の保護者から彼女と管理職にクレームが来て、対応に苦しんだといいます。

クラスでいじめも起きていました。深夜や休日にも、彼女の携帯電話には保護者から電話がかかってくることもあったそうです。

この先生の両親が、地方公務員災害補償基金に対して、自殺を公務災害と認めなかった処分の取り消しを求めた訴訟の控訴審判決で、一審に続き、東京高等裁判所で2017年2月に公務災害と認める判決が出ました。

一審の判決では、児童の万引きでの保護者への対応について、「経験の乏しい新任教諭に判断を任されるのは荷が重く、上司らの手厚い指導が必要だった」と指摘。クラスでトラブルが続き、校長に報告すると叱責されると悩んでいたことや、1日2~3時間の残業では間に合わずに仕事を家に持ち帰っていたことから、「全体として業務によって強い精神的、肉体的負荷があった」と認定されました。

二審の判決で、東京高等裁判所は「担任をしていたクラスで子どもの持ち物が隠されたり、児童が万引きをしたりするトラブルが相次いだうえ、対応している中で保護者に怒鳴られ、相当な精神的負担があった。新任教師の研修では『欠勤するのは給料泥棒』といった内容の講演があり、十分な支援を受けられなかった」と指摘し、公務災害と認めました。

女性教諭は、自殺を図る1週間前、母親にメールを送っていました。メールは出勤する前に送られたもので、「毎日夜まで保護者から電話とか入ってきたり、連絡帳で些細なことで苦情を受けたり、つらいことだらけだけど、体が動くうちはなんとか行き続けることにした。泣きそうになる毎日だけど。。。。**私、こんな気分になるために一生懸命教師を目指したんやないんに。**おかしいね。今日も行ってきます」とつづられていました。

みなさんは、堺市の前田大仁さんの過労死、そして西東京市の新任教員の自殺、どう感じましたか？

◎自殺という悲しいことを繰り返さないために

新任教員の自殺は、実はこの例だけではありません。NHKニュース（2016年12月23日）は、ここ10年の間に少なくとも新人教員の20人が自殺している、と報じました。自殺は多忙化の影響ばかりとは言い切れませんが、第1章で見たとおり、若手ほど過重労働という実態があります。背景には、新人教員にも荷の重い仕事や強いプレッシャーのかかる業務があり、自殺以外の選択肢を考える精神的な余裕がなくなっていたこともあるのではないか、と推察されます。

このような悲しいことが繰り返されないために、わたしたちにできることは何でしょうか？

◎自殺で亡くなる先生があとを絶たない

実は、堺市の前田大仁さんの過労死、そして西東京市の新任教員の自殺は、特異な話とは言い切れない現実があります。数の問題ではありませんが、若い教員だけでなく、中堅・ベテラン教員が過労死あるいは自殺するケースも多数あります。

地方公務員災害補償基金のとりまとめによると、教職員（義務教育ならびに義務教育以外を含む）で、脳・心臓疾患の過労死等（救命を含む）の受理件数は、2013年度7件、2014年度13件、2015年度9件です（注意：過労死等として認定された件数ではありません）。教員の過労死事案を多く扱っている松丸正弁護士は、「過労死は教師としてはあたりまえの長時間勤務から生じるため、過労死として認識されず、認定請求に至らず公務以外の在職死亡とされている」のではないかと、実際の過労死等はもっと多い可能性が高いと指摘しています[*35]。

最近（２０１６年夏）も、ある男性教員（当時40代前半）が脳出血で亡くなるということがありました。当時、長子は2歳、妻のお腹の子は６ヵ月でした。遺族は次の内容の手記を寄せ、教員にも長時間労働の規制が必要と訴えています[*36]。

休日もほぼ部活動で家族の時間がほとんどありませんでした。一生懸命仕事をしていた主人は生徒さんや保護者の方々からも信頼していただいていました。すごくありがたい事です。でも子どもの記憶には残らない。長男は父親に会えずに産まれました。

主人は教員という仕事に誇りをもっていました。やりがいも感じていました。でも、すごく疲れていました。自分の命を縮めて、家族に寂しい思いをさせて、子どもにとって「ひとり親」にして・・・。そこまでしないとできない仕事は辛すぎます。

教師という仕事は、自分の命を縮め、家族に寂しい思いをさせないとできない仕事なのか、日本中の学校、教育行政、学校に関わるわたしたちに今問われていると感じます。

新聞記事等を調べたところ、教員の過労死ないし自殺は数多く起きています。学校種、年齢問わず、あちこちで教師たちの悲痛な叫びが聞こえてきます。一部を紹介します（過労死認定されていないものも含む）。

〝疲れました。迷惑をかけてしまいすみません〟

福井県若狭町立中学校の新任教諭、嶋田友生さん（男性、27歳）は1年生の学級担任や社会と体育の教科指導をしながら、野球部の副顧問として指導にあたっていた。週末も野球部の練習などがあり、休みは月2～3日ほどしかなく、2014年6月に何らかの精神疾患を発症し、10月に自分の車内で練炭自殺した。日記の最後には「疲れました。迷惑をかけてしまいすみません」と書かれていたという。

4～6月の時間外労働が月128～161時間になっていたことなどから、地方公務員災害補償基金県支部は2015年9月、過労による公務災害と認めた。

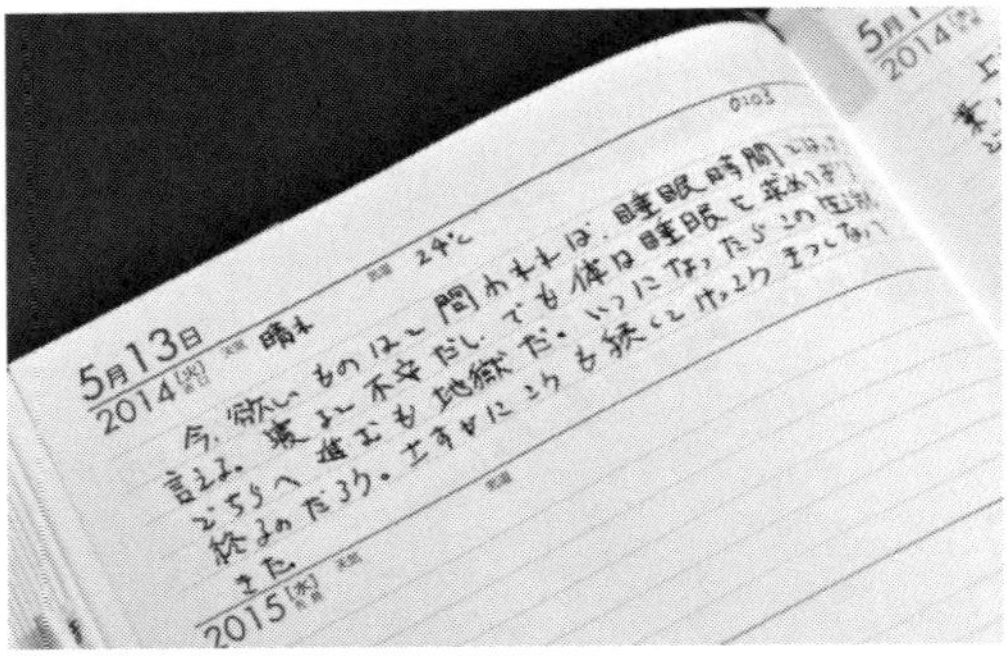

※写真は嶋田さんの日記、「今欲しいものは睡眠時間」とある（福井新聞2016年12月9日、福井新聞社提供）

〝すべて私の無能さが原因です〟

東京都新宿区立小学校の新任教諭（女性、23歳）が2006年6月に自殺した。2年生の担任として着任したこの教諭は、2ヵ月後に自殺した。報道によると、この教諭は午前1時過ぎまで授業準備でパソコンに向かい、そのままソファで眠る日が続いた。区教委によると、ある保護者が4月中旬以降、連絡帳で次々苦情を寄せた。「子どものけんかで授業がつぶれているが心配」「下校時間が守られていない」「結婚や子育てをしていないので経験が乏しいのでは」。他の保護者たちも校長室を訪ね、「子どもがもめても注意しない。

前の担任なら注意した」と訴えた。教諭は5月26日に友人と会ったとき、「ふがいない」「やっても、やっても追いつかない」と漏らしていた。

この翌日、自宅で自殺を図ったが、未遂となった。母が精神科を受診させたところ、抑うつ状態と診断された。自宅の風呂場で自殺を図ったのは、その2日後の夜。翌６月１日朝、病院で亡くなった。母がメモ帳に書かれた遺書を見つけたのは、死去後2ヵ月たった２００６年8月のことだ。「無責任な私をお許し下さい。すべて私の無能さが原因です」。

２０１０年、地方公務員災害補償基金都支部審査会が、自殺を公務外の災害とした都支部長の処分を覆し、公務災害と認める裁決をした。今回の裁決では、学年が1クラスで、相談できる同僚がいなかったことや、担任６人のうち４人が異動で替わったばかりで相談しづらい状況だったことをあげ、支援が「不十分」だったと指摘している。

●校長から病気に逃げるなと叱責され

鹿児島県曽於市立中学校の久留恵教諭（女性、32歳）が２００６年10月自殺した。久留さんは、音楽教師なのに国語の授業を受け持つよう強制されるなどし、パワーハラスメント被害を訴える遺書を残して死亡。報道によると、校長からは「（国語を）やれなければ辞めなさい」と言われ、教育センターにおける半年間の研修を言い渡された。体調を崩し６ヵ月の休職を願い出ると、「病気に逃げるな」と叱責されたとのこと。

２０１４年に地裁は、「免許外の科目を担当させるなどした校長や教頭らの行為と、精神疾患の悪化や自殺との間には因果関係がある」として、県と市に計約４、３００万円の支払いを命じた。

●〝正直オーバーワークでした〟

兵庫県の私立高校の男性教諭（37歳）が２０１０年６月に自殺した。教諭は、英語指導やクラス担任をしながら、提携私大への進学コースの立ち上げやそのカリキュラム作成、大学との折衝などにあたっていたほか、休日もワンダーフォーゲル部の顧問として指導にあたっていた。遺書では「（上司の）パワハラとも言える冷たい発言」があったとし、「現場無視のやり方にもうしんどくてたまりません。正直オーバーワークでした」などと書かれていた。

●新任教員の焼身自殺

静岡県磐田市立小学校の新任教諭、木村百合子さん（女性、24歳）が２００４年９月、自家用車に火をかけ自殺した。木村さんは、担任した４年生のクラスで、４月当初から指導の難しい子（Ｎ君）の暴言や教室飛び出しへの対処に苦しんだ。研修主任等からは、「お前の授業が悪いからＮが荒れる」などの叱責を受けたという。地裁判決では、経験の浅い木村さんがクラス運営に「苦悩しながらもできる限りの努力や責任感を持って対応した」ことを認め、困難を極めた児童への指導では「新規採用教諭に対し高度の指導能力を求めること自体酷」と認定し、新採教師に対して「十分な支援が行われていたとは到底認められない」とした。高裁でも公務災害が認められた。

●中堅教員もストレスと長時間労働で自殺

宮城県石巻市立小学校の高野啓教諭（男性、38歳）は、２０００年６月、研究主任と６年の担任を務めるなかで自殺した。遺族が公務による過労自殺として公務災害認定を求めたが、地方公務員災害補償基金県支部は「深夜まで仕事をしていた客観的証拠がなく、任務が過重負担とは言えない」として認めなかった。だが、２００９年同支部審査会にて公務災害が認められた。審査会は、高野さんは職務内容の変化や長時間勤務でストレスをため、２０００年５月上旬にうつ病を発症して自殺に至ったと判断した。

◎相次ぐ、ベテラン教員等の過労死

石川県野々市市立小学校の山口聡美教諭（女性、51歳）は、５クラスある1年生の学年主任を務めていた。２０１５年の夏以降、担任２人の産休などで残業や自宅での仕事が重なり、土日も学校に行くことがあった。２０１６年1月20日、校内での研究会中に倒れて意識不明となり、２月３日に死亡した（くも膜下出血）。

大分県の公立中学校の女性教諭（46歳）が２０１４年7月、授業中に「頭が痛い」と訴えて倒れ、その後9月に亡くなった。２０１７年６月に地方公務員災害補償基金県支部が公務災害と認定した。教諭は全学年の国語と書写の授業を受け持ち、他に学力向上支援教員、学年主任、「地域協育」担当、バレーボール部顧問なども務めていた。地元の小学校でも国語を教え、放課後や休日は部活動指導、会議の出張などに追われていたという。倒れる前の６月の時間外勤務時間は１１５時間以上だった。

愛知県立商業高校の男性教諭（42歳）が、２００９年10月午後11時45分頃、コンピュータ実習室において仰向けに倒れていたところを巡回中の警備員に発見され、救急搬送された。数日後にくも膜下出血で死亡した。この教諭は全国大会で3年連続団体優勝していた情報処理部の顧問を務めており、休日も8時半～16時頃まで学校にいることもあった。校務分掌では、教員や生徒用のパソコンの修理を行うなど、種々雑多な作業を行っていた。学習指導では、情報処理試験対策等も担っていた。

２０１７年3月、地裁にて公務災害による過労死と認める判決が出た。判決では、教諭が倒れる直前1ヵ月間の時間外勤務は少なくとも95時間余と認定。行政の過労死認定基準（１００時間）に照らして「特に過重だとは肯定も否定もできない」としながらも、教諭が担当していた授業、部活動顧問、多くの校務、体験入学の準備などの勤務内容の「質」とあわせて総合的に検討した結果、過労死と判断した。

横浜市立中学校の工藤義男教諭（男性、40歳）は、２００７年6月、修学旅行の引率から帰宅した直後に体調不良を訴え、くも膜下出血で10日後に死亡した。4月に赴任した中学校で生徒指導専任と学年主任を兼務する激務を抱えていた。地方公務員災害補償基金県支部審査会は、直近1週間の時間外労働を40時間とし、公務災害と認定した。

山梨県立高校の山形功教諭（男性、40歳）は、社会科教諭で野球部監督。２００６年3月にくも膜下出血で死亡した。高裁は、校長の指揮命令がない下校時刻以降の部活動指導などを公務災害の対象となる時間外勤務とは認めず、発症前1ヵ月間の時間外勤務は約66時間、6ヵ月間は月平均約78時間だったと認定。くも膜下出血を発症させるほどの長時間の時間外勤務とは言えず、「発症と公務の間に、相当な因果関係は認められない」と結論付けた。

北海道北広島市の高等養護学校の小松茂也教諭（男性、47歳）は、マラソンの後のクールダウン（整理体操）のさなかにグラウンドで倒れ、その日のうちに死亡した（急性心不全）。専門は保健体育だが、担任をしている学級で数学や国語も担当していた。教科書がないので、子どもたちに合わせて自分でテキストを作り、40人もの生徒の個別指導計画を作成していた。

長崎県立高校の男性教諭（52歳）が、２００４年７月、授業の準備中に心筋梗塞で倒れ、翌日死亡した。野球部長を務めていた教諭が急死したのは、部活動の指導など長期間の時間外勤務が原因として、地方公務員災害補償基金県支部審査会は公務災害と認定した。教諭は約30年間、野球部を指導。２００４年４月に赴任した学校では実質的な監督として、平日は午後８時半頃まで、休日は午前８時頃から午後７時頃まで指導していた。

埼玉県立高校の竹見義和教諭（男性、46歳）は、２００２年６月に女子ソフトボール部の指導中にグラウンドで倒れ、意識が戻らないまま２００３年３月に死亡した。この部は県内有数の強豪校。竹見さんは２００１年は副顧問だったが、監督の異動により２００２年より正顧問となっていた。土日も練習で、倒れるまでの27日間、完全な休みはまったくなかった。３年生の学年主任でもあり、帰宅後も自宅で採点等の仕事をしていた。

東京都立高校の遠藤龍男教諭（男性、39歳）は、保健体育担当。2002年2月、北海道への修学旅行から帰る途中、自宅の最寄り駅で倒れた。急性心筋梗塞だった。死亡前の1週間、入試や研究発表などの業務が重なり、時間外勤務は61時間に上っていた。

担任したクラスには、やんちゃな生徒が多かった。自転車に4人乗りで登校したり、たばこを吸ったり。遠藤さんは毎日、一人ひとりに声をかけ続けた。「頑張ってるか」「悩んでないか」。停学や留年になりそうな生徒がいれば、「あいつは一生懸命なやつなんです」と他の先生に頭を下げた。生徒の証言によると、いじめに遭った、恐喝に巻き込まれたなど、困ったとき、遠藤さんは夜中まで携帯電話で相談に乗ってくれた。修学旅行で深夜3時まで見回っていたこと、珍しく「具合が悪い」とつぶやいていたこと、帰京して解散後も他校の生徒とのケンカを仲裁してくれたこと……。東京地裁は「過労死」と認めた。

長野県立高校の神田厚教諭（男性、39歳）は現代文の教師で、3年生の進路指導と文芸部の顧問を担当していた。受験対策の教材づくりや進路相談を熱心に行っていた。副教材など独自の教本用ノートも大量に残っている。県高校文化連盟の事務局を引き受け、詩の審査委員として、生徒の夏休み中も詩の評論等の作業にあてていた。

担当クラスに精神的に不安定な子がおり、親が無関心なため、その子の通院への送り迎えなどもしていた。2001年当時、進学校のこの高校は、全国模試の結果が過去数年に比べて落ち、受験対策へのプレッシャーは強まっていた。神田さんは12月、自宅の寝室でくも膜下出血のため亡くなった。

◎繰り返されてきた悲しみから、わたしたちが学ぶべきこと

過労死や自殺を防ぐことができなかった経緯はケースバイケースではあるのですが、〝歴史は繰り返す〟と言われるとおり、いくつもの事案で酷似する点を見出すことができます。

第一に、授業準備や提出物の採点・チェック、それから部活動等に非常に丁寧で熱心な教員が過労や精神的に追い込まれるケースが多いことです。前田大仁さんのケースもそうでしたが、いわゆる**熱血先生がその献身性がゆえに過労死に**までなっています。

どうでしょうか？　プリント作成や部活動の指導を丁寧に行っている先生は、あなたの周りにも非常にたくさんいると思います。

第二に、新任教員の自殺などによく現れていますが、**職場でのサポートがほとんどなかった**可能性が高いことです。むしろ、管理職や指導者役の教員（または教育委員会）の対応が彼らをさらに追い詰めてしまった事案もあります。

また、仮に自殺の直接的な原因が過重労働でなかったとしても、周囲の教職員が多忙なために、悩んでいる新人等を十分ケアできていなかった可能性は高いと推察されます。さらに、中堅・ベテラン教員の過労死については、周囲はその先生に任せすぎていた可能性があると思います。

第三に、保健体育の教員など**肉体的に比較的タフで健康についての知識も豊富と思われる方も過労死となる**ことがある、ということです。むしろ、自信があったからこそ、無理を続けてしまったのかもしれません。いずれにしても、過労死は誰でも起こりうることだと思います。

「ワーク・ライフ・バランス」が必要と言われるとき、「ライフ」は通常「私生活」という意味です。

学校では、それ以前のこととして、**命という意味での「ライフ」が脅かされています**。学校教育を通じて子どもたちに最も伝えたいことのひとつ、それは人の命の尊さであるはずです。この1点だけでも、学校の長時間労働の問題は放置できないと感じていただけると思います。

◎仕事への満足度に応じて必要な二面作戦のケア

過度に疲れていたり、バーンアウトになったりすると、第1章の冒頭で紹介した女性教諭のように、望んで教師になったにもかかわらず、もう続けられないという人も多くなります。文科省の「教職員のメンタルヘルス対策検討会議の最終まとめ」（２０１３年3月）によると、２０１１年度中に精神疾患により休職した（それ以前に休職となり引き続き休職中の人を含む）公立学校の教員のうち、「２０１２年４月1日現在：２、２４４人（精神疾患による休職者の42・5％）が休職を継続、1、９５７人（同37・1％）が復職、1、０７３人（同20・3％）が退職（定年退職等を含む）」しています。休職した人のうち、少なくとも2割もが教師を辞めてしまうのです。また、休職に至らずに辞めてしまう人もいるでしょう。

もっとも、長時間労働だからといって、ただちに仕事への不満や失望、離職につながるとは限りません。ＴＡＬＩＳでは、「もう一度仕事を選べるとしたら、また教師になりたいか」、「現在の学校での仕事を楽しんでいるか」、「現在の学校での自分の仕事の成果に満足しているか」といった質問もあります。

図表2－2の総労働時間別の仕事への満足感等の結果を見ると、週60時間以上75時間未満、あるいは75時間以上というグループでも、必ずしも、また教員になりたいという気持ちが折れたり、仕事を楽し

■図表２－２　日本の中学校教員の仕事への満足感等について（総労働時間別結果）

◆もう一度仕事を選べるとしたら、また教員になりたい

	まったく当てはまらない	当てはまらない	当てはまる	非常に良く当てはまる
週30時間以上40時間未満	10.0%	31.7%	44.2%	14.2%
週40時間以上60時間未満	7.7%	35.8%	41.1%	15.4%
週60時間以上75時間未満	7.3%	36.3%	41.3%	15.1%
週75時間以上	8.9%	32.2%	40.7%	18.2%

◆現在の学校での仕事を楽しんでいる

	まったく当てはまらない	当てはまらない	当てはまる	非常に良く当てはまる
週30時間以上40時間未満	7.5%	18.3%	55.8%	18.3%
週40時間以上60時間未満	2.9%	18.6%	60.8%	17.8%
週60時間以上75時間未満	2.3%	20.5%	59.7%	17.5%
週75時間以上	3.3%	19.5%	51.5%	25.7%

楽しめていない人
⇒
少数派だし、声には出しづらい
⇒
悶々とストレスをためている
⇒
精神疾患や早期退職のリスク大

楽しめている人
⇒
やりがいをもってよかれと思ってやっている
⇒
歯止めがかかりづらい
⇒
バーンアウトや過労死のリスク大

◆現在の学校での自分の仕事の成果に満足している

	まったく当てはまらない	当てはまらない	当てはまる	非常に良く当てはまる
週30時間以上40時間未満	4.2%	42.5%	50.8%	2.5%
週40時間以上60時間未満	4.4%	41.1%	51.2%	3.3%
週60時間以上75時間未満	6.0%	48.1%	42.3%	3.6%
週75時間以上	7.9%	48.0%	39.6%	4.6%

出所）OECD 国際教員指導環境調査（TALIS）2013 をもとに作成

めない人が増えたりしているわけではない、ということに気づきます。

◎前向きに仕事している人にも注意を、歯止めがききにくいのだから

ここが日本の教員のひとつややこしいところなのですが、長時間労働をしている人のなかには、一定の割合で、やりがいを感じて、進んで多くの仕事をこなしている人や、朝から晩まで子どもたちと接していることが楽しいという人もいるのです。

「この人たちは前向きに仕事しているのだから、いいじゃないか」と思われそうですが、注意が必要です。

それは、**よかれと思ってやっているからこそ、歯止めがかかりづらく、**

たとえば、部活動等はどんどん過熱化する可能性があります。部活動顧問の問題についてブログで発信し続けてきた真由子さんは、次のように語っています[*37]。

生徒が技術的な向上を見せ、またそこでの成功体験からくる成長を目の当たりにしたとき、教師としては喜びを感じざるを得ません。

その際の笑顔、仕草、充実感に満ちた様子は、学習においての成長の瞬間と比べても遜色ないのではないかと思えるほどです。(中略)

これが。これが部活動顧問の中毒性なのだと思います。

自分の趣味や、教材研究や学級事務、読書や家事や、その他もろもろの自分の時間を大切にしたいと考える教員の、正常な感覚を蝕む中毒性なのだと思います。

そして真由子さんは、この部活動中毒は「生徒のために」というエクスタシーを求めてのものだと述べています。言い得て妙だと思います。

部活動以外でも、教師が子どものために頑張ったら、子どもたちは成長し、活き活きした目を見せてくれることも多いでしょう。教師にとっては、そこがいわば快楽、エクスタシーとなって、さらに度を越えて頑張ってしまうというわけです。

しかし、過労がたたると、前述した自己研鑽上の問題、それから、過労死あるいはバーンアウトのリスクが高まることを忘れてはならないと思います。堺市の前田先生の過労死を思い出してください。

「前向きに仕事しているから、いいじゃないか」では済まないのです。

◎やりたくないという人は声を出しづらく、聞いてもらいにくい

他方で、図表2－2の示すとおり、長時間労働か否かを問いませんが、**約4割の教員はもう教員にはなりたくないと感じ、約2割の人は仕事を楽しめていない**と回答しているのも事実です。

つまり、今の仕事に満足し楽しんでいるかという観点では、教員の意識は二極化しています。この事実を見ようとせず、たとえば、「部活動は教職員みなで顧問を担うべきだ」といったルールが学校にはあり、**その仕事をやりたくない、やりがいを感じられないという人の気持ちが無視されたり、軽視されたりしてしまう**現象が起きています。

教職を楽しんでいない教員には、好んでやり過ぎる教員とは別のケアが必要となります。そうしないと、早期退職、場合によってはうつなどの精神疾患になるリスクが高くなると思います。

そもそも、「子どもの健やかな成長のためになる」という理屈では、あらゆる仕事が光って見えます（重要と考えられます）。そのため、表立って「わたしは、本当はこれはやりたくないんです」、「自分はこういう事情があるから軽くしてほしい」という声を出しにくい風土が学校現場にはあると思います。「子どもたちのために」とか「みんな、頑張っているから」ということで、少数意見がかき消されてしまってはいないでしょうか？

❖先生が忙しすぎる現状は、未来の損失

◎日本社会の最重要課題のひとつ、生産性の観点からも悪影響

3点目に、生産性やワーク・ライフ・バランスを軽視することの子どもへの悪影響があります。日本の教員は、ほかの学力上位国と比べて月60～80時間程度も長く働いていることは、第1章で紹介しました。日本の子どもたちの学力の高さは世界有数とはいえ、これでは、学校の生産性は高いとは言えません。

人口減少の日本にあって、生産性の向上は大きな課題です。今、長時間労働が社会的にも大きな注目を集めているのは、過労自殺をはじめとする悲惨なことがあとを絶たないこともありますが、労働力人口が減少するなかで1人当たりの生産性を高めないと、豊かな暮らしを維持できなくなりつつあるからです。

時間当たり労働生産性を見ると、各年の米国を100とした場合、日本は70年代、80年代は右肩上がりで上昇してきましたが、90年代以降のこの約25年間は伸びておらず、米国の6割程度にとどまり続けています[*38]。フランスやドイツは生産性を上げ、90年代には米国をしのぐ水準となったのとは対照的です。

こうした社会課題とは逆行するかのように、ひょっとすると、学校教育では、教師の働き方から**「生産性はさておき、長い時間一生懸命働くことが大事だ」と子どもたちに暗黙のうちに伝えてしまっている**のではないでしょうか？　これは**「隠れたカリキュラム**（ヒドゥンカリキュラム、潜在的カリキュラ

■図表2−3　夫の休日の家事・育児時間と第2子以降の出生状況

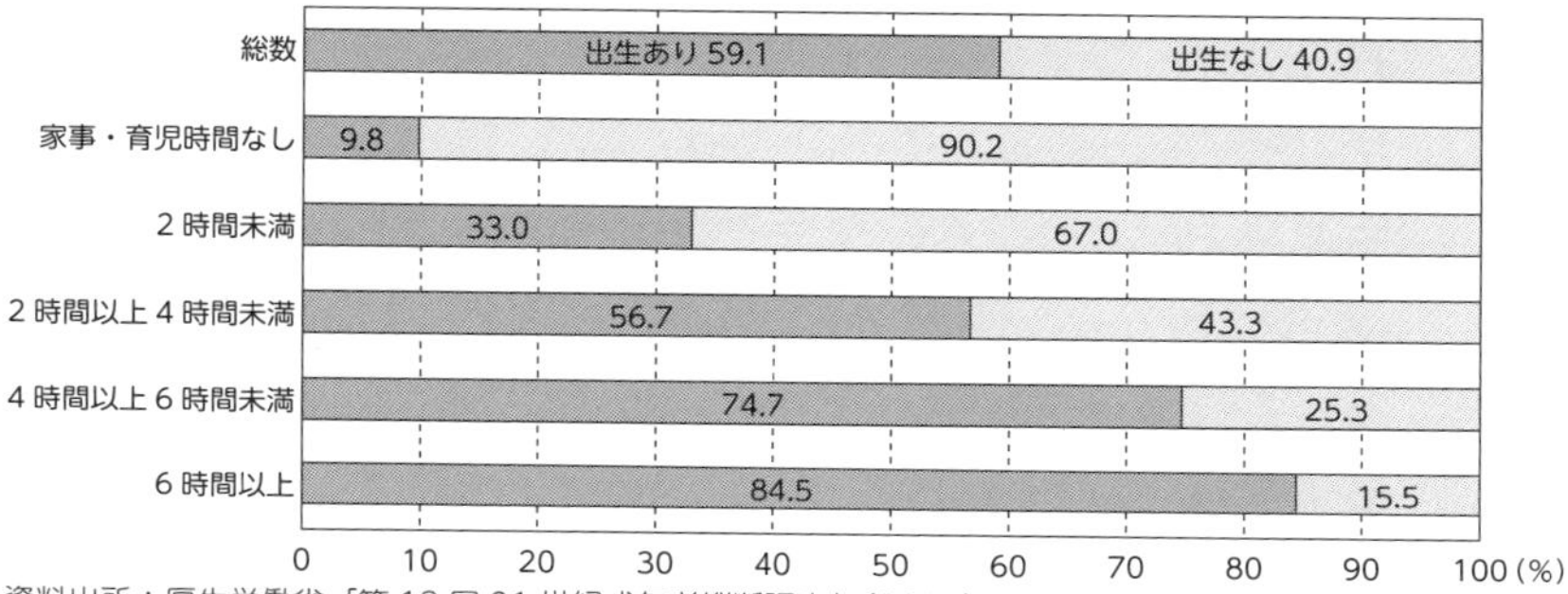

資料出所：厚生労働省「第13回21世紀成年者縦断調査」（2014）

注：1．集計対象は、①または②に該当し、かつ③に該当する同居夫婦である。ただし、妻の「出生前データ」が得られていない夫婦は除く。
　①第1回調査から第13回調査まで双方から回答を得られている夫婦
　②第1回調査時に独身で第12回調査までの間に結婚し、結婚後第13回調査まで双方から回答を得られている夫婦
　③出生前調査時に子ども1人以上ありの夫婦
2．家事・育児時間は、「出生あり」は出生前調査時の、「出生なし」は第12回調査時の状況である。
3．12年間で2人以上の出生ありの場合は、末子について計上している。
4．総数には、家事・育児時間不詳を含む。

出所）内閣府ウェブサイト[*42]

ム）」と呼ばれるもので、本人は必ずしも意図しなくても、結果として教育される側が身につけてしまうもののひとつです[*39]。

関連して、人口減少の大きな原因のひとつは少子化にあるわけですが、この少子化が加速するのは、なぜだと思いますか？

その背景のひとつが、男性が育児にどれだけ積極的かにあると言われています。**図表2−3**は、厚生労働省が12年間追跡調査したデータです。休日の夫の家事・育児時間が長い家庭ほど、第2子以降を出生していることがわかります。つまり、夫が家事・育児に協力的な家庭ほど2人目以降子どもができている可能性を示唆します[*40]。そして、夫の家事・育児時間には、長時間労働が影響しますから、一番の少子化対策は男性の長時間労働是正だと言われるわけです[*41]。

ところが、教師がいくら児童生徒のために一

生懸命でも、長時間労働をしていては、「仕事のためには、家庭やプライベートは犠牲にせざるを得ない」とワーク・ライフ・バランスを軽視することを、子どもたちに教えてしまっていると思います。

◎教師が不人気職になり、質も低下

長時間労働の弊害の4点目として、〝ブラック〟な職場では働きたくないという人は多くいますので、教職を選ばない人が増えるという影響があります。また、育児・介護等を期に退職する人が増えるということも、貴重な人材の損失となります。

これらのことは、教員採用試験の倍率低下とも相まって、教員の質の低下へ影響します。平成19年度頃から小・中・高ともに、採用試験の倍率は低下傾向が続いています[*43]。実際、直近の平成28年度の倍率は、小学校3・6倍、中学校7・1倍、高校7・0倍（文科省「平成28年度公立学校教員採用選考試験の実施状況について」）ですから、特に小学校の先生には比較的なりやすい、という状況が続いています。地域によっても差はありますが、都道府県の見込みによると、大量退職・大量採用はまだ数年は続きそうです。長時間過密労働を避けて教員を志願しない人が増えると、さらに採用倍率は下がってしまうことが予想されます。

◎深刻な人手不足に陥る日本、教員のなり手も近い将来いなくなる!?

さらに言うと、日本全体で人手不足が深刻になりつつあります。労働力人口は、人口減少の影響を受けて、1999年の6、779万人をピークに、すでに減少傾向にあります。2015年の労働力人口は６、６２５万人ですが、２０２０年には６、３１４万人、２０３０年には５、８００万人に減るとの予測もあります（２０１５年までの実績値は「労働力調査」、将来推計は独立行政法人労働政策研究・研修機構「平成27年労働力需給の推計」）。

これは、経済成長が見込めず、女性・高齢者等の社会進出が現状水準にとどまる場合の推計ですが、２０３０年の労働力人口は２０１５年から約８２５万人も減少するのです。これは、**福岡県を除く九州の現在の人口（約７９０万人）よりも多い規模の働き手がいなくなる**ことを意味します[*44]。

そうしたなか、優秀な人材をめぐって、獲得競争はより激しくなることでしょう。**学校が、教師という仕事が魅力的でなければ、よい人材が集まらない日は、確実に近づいています。**

以上、４つの観点から多忙化の影響を見てきました（これ以外の影響もあるでしょう）。多くの教職員は、子どもたちのためによかれと思って多忙になっているのですが、その**結果としては、以上４点のとおり、子どもたちのためになっていません。**

「忙しいとしても、それはよくないことなのか？」「好きでやっているならいいんじゃないか？」という人は、もういませんよね？

✴ Summary 「第2章 忙しいのは、なにが問題か」

○長時間労働の弊害として、少なくとも4点ある。

○1点目は、授業準備や自己研鑽への影響。読書や趣味、好きなことを追求する時間などが減ることで、広い意味での自己研鑽が犠牲となってしまう。実際、教員の読書量は1日30分あるかないかである。

○「長時間労働のもたらしている最大の弊害とは、能力開発の機会喪失である」とも言われる。教職員の負担軽減と働き方改革は、自己研鑽や人材育成のためにも重要。

○学校という組織、チーム単位で捉えても、多忙になると、個業が増え、組織的な改善や学習が進みにくくなる。その結果、さらに多忙化が進む悪循環にもなりかねない。

○2点目は、心身ともに疲れる、病気になるリスク。実際、子どもたちに慕われた熱血教師、あるいはタフと思われていた保健体育教師らが過労死するケースがあとを絶たない。新任教員等が悩んだ末に自殺することも起きている。

○3点目として、「ともかく長く働けばよい」、「仕事のためには、家庭やプライベートは犠牲にせざるを得ない」と生産性やワーク・ライフ・バランスを軽視する考えを子どもに伝えてしまう（＝隠れたカリキュラムのひとつ）。

○４点目として、教師が不人気職になってしまい、それは教員の質の低下へつながる。長時間労働を避けて、教職を選ばない人や続けられないという人が増える。
○多くの教職員は、子どもたちのためによかれと思って多忙になっているのだが、その結果としては、以上４点のとおり、子どもたちのためになっていない。

✳ How about you?

1 あなたがもし毎日忙しい日々を送っているとしたら（そうでない場合はあなたの同僚や友人がそうだとしたら）、長時間労働にはどのような影響がありますか？
　この章で紹介したものを参考にしつつ、自分の視点で追加したり、より具体的に書き出したりしてみましょう。

2 あなたは先月、何冊本を読みましたか？　忙しいと読書量は減ったでしょうか、それとも変わらないでしょうか、増えたでしょうか？

3 参考までに、本章で紹介した読書等の時間についての調査結果も参照してください。なお、次頁のグラフは、ある調査での教員の年間読書量（教育に関する本に限定）です。あなたはどこのグループに近いでしょうか？

■勤続年数別、一般教諭の年間読書量（教育に関する本）

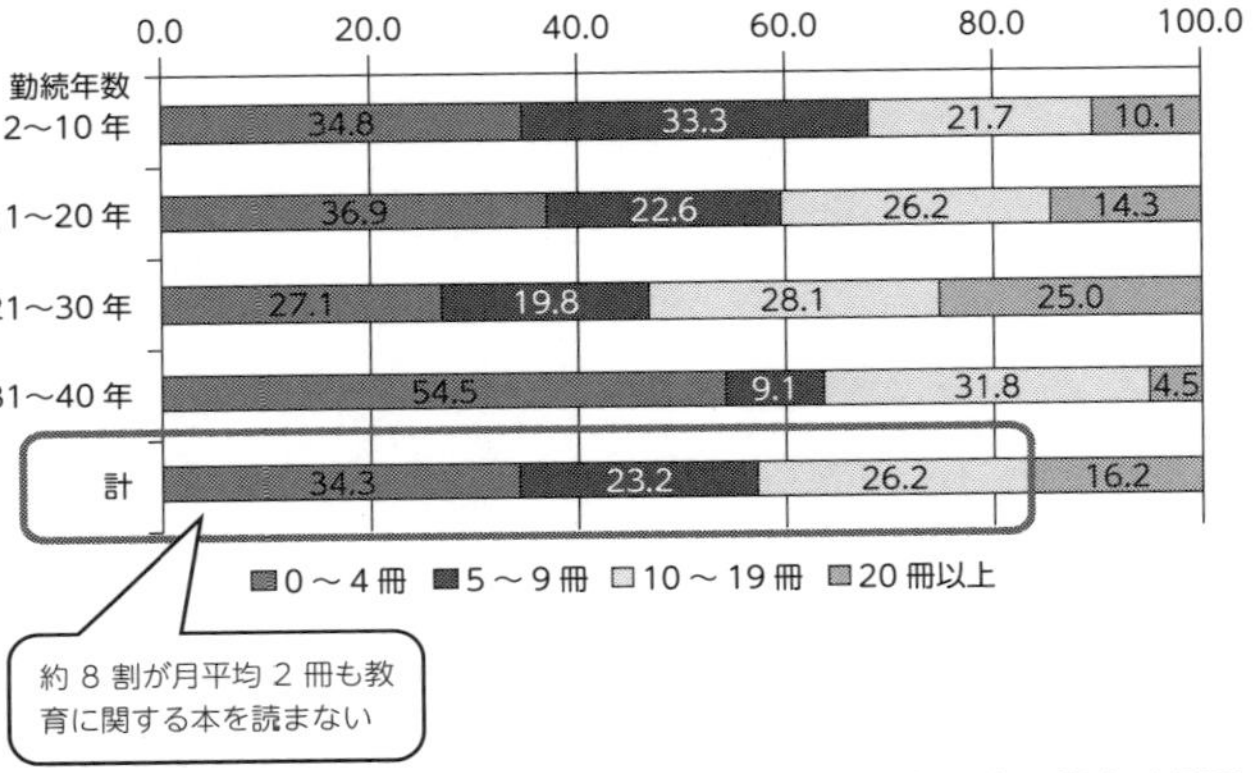

注）小・中・高の教員への調査。回答数は不明なことなど、一定の留意は必要。
出所）「教育新聞」2011年7月25日、同年8月4日

4 2の読書は一例ですが、授業の糧になる活動として、どのようなことが思い浮かびますか？ 旅行に出かけること、美術展に行くこと、落語を聞くこと、子育てをすることなど、なんでも構いません。

5 4の時間は十分とれていますか？ もしとれていないとしたら、どうしたいですか？

第3章

なぜ忙しいのか、なぜいつまでも改善しないのか

❖多忙化を加速させた直近10年あまりの変化

◎障がいのある子や日本語が不自由な子が増加

なぜ学校は、先生たちは、これほどまでに忙しいのでしょうか？

ここ最近10年あまりの動きとして、さまざまなものがありますが、本書では、3点に絞って見ておきたいと思います。

文科省「学校現場における業務の適正化に向けて」（2016年6月）では、多忙化の背景のひとつを、学校が関わる課題が複雑化・多様化していることと見ています。たとえば、特別支援教育（障がいのある子どもへの支援教育）の対象となる児童生徒は約36万人に上り、そのうち、通級による指導を受けている児童生徒は、10年間で2・3倍に増加（2015年度）しています[*45]。日本語指導が必要な外国人児童生徒等は約3万4、000人存在し、10年間で1・6倍に増加しています。

つまり、授業中や休み時間などに、よりきめ細かな対応が必要となる児童生徒が増えているのです。

◎〝福祉機関化〟する学校

二つ目の背景は、家庭の変容です。経済的な支援を受ける困窮家庭が、1995年度には16人に1人の割合だったのに対し、2013年度には6人に1人の割合にまで急増しています。家庭の経済問題だけが理由ではないと思いますが、従来は家庭でのケアやしつけ、家庭教育として担ってきたことも、家庭に余裕がなくなり、保育園や幼稚園、その延長線上として、小・中学校等が担わざるを得ないという状況が生まれてきています。

たとえば、親は夜間働いていて朝に眠るため、子どもも似たライフスタイルとなり、朝登校できないし、電話にも出ない。そのために、先生が起こしに行くといった例もあります。平日の朝や長期休暇中にも給食を出した方が良いと話題になっている地域もありますし、学校が夜まで子どもを預かるところも出てきています。

こうした事態について、牧野篤東京大学大学院教授は、**学校は教育機関というよりは〝福祉機関〟になりつつある**と述べています[*46]。つまり、学校では、教育や授業以前の問題が大きくなっているというのです。

◎学校にも非正規雇用が増加

三つ目の背景として、非正規教員の増加という背景があります[*47]。非正規教員には、2タイプがあります。

①臨時的任用（常勤講師）：正規教員とほとんど仕事内容は変わらない（担任をもったり、校務分掌も担ったりする。部活動顧問を担うこともある）。給与は経験年数等による。

②非常勤講師：特定の教科の授業のみ行う。時給制。

2005年から2012年までの間に、常勤講師は1万4、242人、非常勤講師は1万4、595人増加しています。この間、正規教員は1万235人減少しています。数だけ見れば、正規教員数は減っていますが、それを補って余りある常勤講師が雇用されていますし、非常勤講師が授業を一部分担する学校も増えているのですから、むしろ多忙化は多少でも改善しそうなものです。

しかし、一方で、非正規教員では担いにくいことで正規教員がやらざるを得ないことがあり、正規教員の忙しさは増している、という声もあります。たとえば、年間指導計画の作成、教材等の発注・集金・支払いなどは正規教員が担当するという学校もあるようです（ただし、必ずしも常勤講師等がそうした業務を担えないというわけではなく、学校によって状況は異なります）。また、新任教員の指導係や教育実習の受け入れ、指導などは、非正規教員が担うわけにはいかないという例がほとんどでしょう。

加えて、次の2点で非正規雇用の増加は、多忙化に影響しています。ひとつには、さまざまな勤務時間の方がいるため、教職員同士での情報共有により労力がかかるというコミュニケーション上のコストです。朝や放課後に会議をしようにも揃いません。当然、正規・非正規問わず、子どもと接しています（子どもにとっては同じように〝先生〟です）ので、気になることや問題にも直面します。この情報共有や連携がうまくいかないと、問題が大きくなり、児童生徒のためにならないし、学校はさらに忙しくなるということもあるでしょう。

もうひとつは、非正規雇用の場合、継続雇用されるかどうかは不安定であるため、校長の評価を気にして、学校に意見しにくいということです。つまり、子どもと接したり、職場の同僚と話をしたりするなかで、問題を感じて改善したほうがよいと思っても、声に出しづらい構造があります。ジャーナリストの前屋毅氏は、非正規雇用が増えることで「発言しない、発言できない教員が増えていく」と警告しています[*48]。

以上のことから、十分検証できているわけではありませんが、非正規雇用の増加は、多忙化の改善にも、悪化にも両面で影響している可能性があります。

◎少子化なのに、学校の忙しさは、なぜ改善しないのか？

以上見た３点の変化、

・ケア、配慮が特に必要な子どもの増加
・家庭の変容に伴う、学校教育が担うべき領域の拡大（〝福祉機関化〟する学校）
・非正規雇用の増加による、教職員間のコミュニケーションコスト等の増加

が学校の多忙化を一定程度加速させた背景と考えられます。

しかし、学校の多忙は、最近になって急に問題となったわけではありません。たとえば財務省の２００８年の資料によると、「昭和30年頃においても、『忙しすぎる教師』が指摘されていた」そうです[*49]。

また、部活動の負担が問題視されたことは１９７０年代にもあり、その後何度か、学校教育ではなく地域の活動としようという動きもありましたが、結局ほとんどの学校は部活動を手離せていません。

図表３−１は、小学校、中学校の児童生徒数と本務教員数（常勤教員を指すので、非正規のうち常勤講師は含みますが、非常勤講師は含みません）の推移です。１９９１年の値を１００としたときに、どのようなトレンドにあるのかがわかるようにしました。

こうして見ると、改めて少子化は大変進んでいることが実感できます。２０１６年の小学校児童数は１９９１年から比べると約３割減少、同じ期間に中学校生徒数は約35％減少しました。しかし、常勤教

■図表３－１　小学校、中学校の児童生徒数と本務教員数の推移（1991年＝100としたとき）

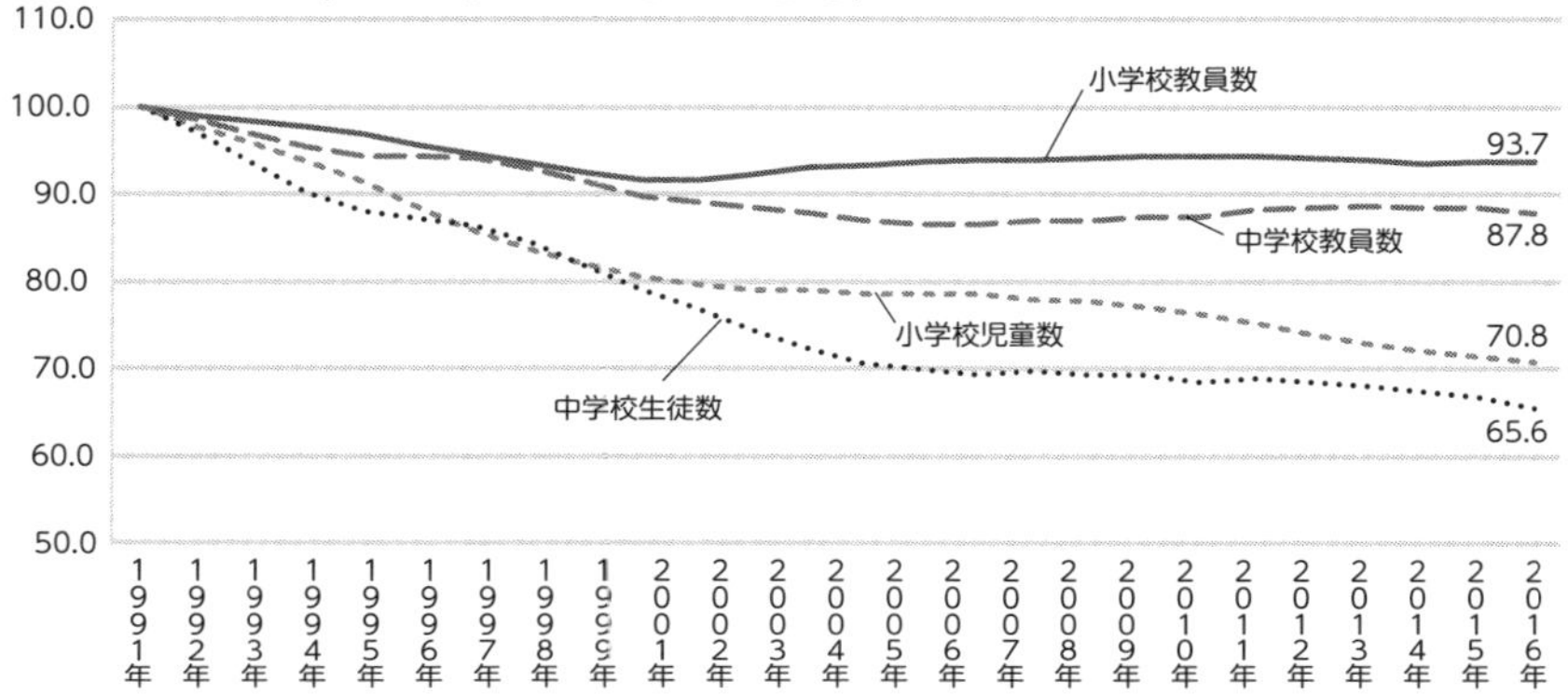

注）本務教員のみが対象。義務教育学校ならびに中等教育学校は含んでいない。
出所）「文部科学統計要覧（平成29年版）」をもとに作成

員数はそれほど大きくは減っていません。小学校は約６％減少、中学校は約12％減少にとどまります。同じように、グラフは省きますが、高等学校について見ると、生徒数は約４割も減少（２０１６年＝60・７）しましたが、教員数は約18％減少（２０１６年＝82・０）です。

この25年間、先生の数に比べて、子どもの数がこれほど減っているのですから、学校の多忙は、少しはましになってもよさそうなものです。

たとえば、生徒指導が大変だという話はよく聞きます。確かにそれはそうでしょう。しかし、実際、刑法犯少年の検挙人員、触法少年（刑法）の補導人員、ぐ犯少年の補導人員は、ここ10年いずれも減少傾向にあり、また、軽犯罪法違反といった特別法犯少年の送致人員、触法少年（特別法）の補導人員もここ3年減少しています（内閣府「子供若者白書」平成29年度版）。たとえば、触法少年の補導人員数は１９８０年、１９８５年は５万人を超えていましたが、２０１５年は１万人を割っています。今の子どもたちは、校内暴力の時代と言われた1980年代等と比べると、絶対数としても比率としても、はるかに問題行動は少ないのです。

もっとも、いじめ問題をはじめとして、深刻なことはまだまだ多いのも事実です。また、モンスターペアレントと言われるように、保護者対応に時間がかかっている学級・学校も多いことでしょう。個別の事情はもちろん深刻ですが、全体的な傾向としては、いじめの発生率やモンスターとの遭遇率（笑）が飛躍的に高まったということでない限り、大規模に進む少子化に伴い、教職員の負担は減るだろう、と理屈ではそう考えられます。

しかし、現実には、第1章で見たとおり、学校では過労死ラインを超えてまで働く人が非常に多く、しかも、長時間労働の問題はここ10年間（そして、おそらく10年以上にわたって）悪化しているのです。これは、先ほど述べた3つの背景の影響もあるでしょうが、それだけでは説明しきれないと思います。

学校の忙しさは、なぜ改善しないのでしょうか？　これは、もう改善できっこないことなのでしょうか？

本書では、この問いについて根源的な要因をよく分析したうえで、対策を練りたいと思います。

◎長時間過密労働が改善しない6つの理由

わたしは、学校が改善しない大きな要因が6つの言葉に集約できると考えます。これらが複合的に影響して長時間過密労働が加速し、改善しないのです。

学校の長時間労働が改善しない6つの言葉

(1) 前からやっていることだから（伝統、前例の重み）
(2) 保護者の期待や生徒確保があるから（保護者と生徒獲得のプレッシャー）
(3) 子どもたちのためになるから（学校にあふれる善意）
(4) 教職員はみんな（長時間一生懸命）やっているから（グループシンキング、集団思考）
(5) できる人は限られるから（人材育成の負のスパイラル）
(6) 結局、わたし（個々の教職員）が頑張ればよいから（個業化を背景とする学習の狭さ）

この6つは、いずれも多くの教職員や学校関係者（保護者や学校を支援する住民や事業者等）にとっては、当たり前のことであり、学校の文化となって染みついていることです。**正しいと信じられてきた〝神話〟**と言い換えてもよいでしょう。それゆえに、見直し・改善がこれまで長くできなかったものでもあります。

わたしは、この6つの神話について、どれも全面的に否定するつもりはありませんが、信じて疑わないことには反対です。6つの言葉はいずれも、視点を変えて学校の役割を**もう少し軽くしたり、教職員の仕事を減らしたりすることが可能なものばかり**だと思います。

それは、どういうことでしょうか。本章では、6点それぞれについて、こうした文化、神話が信じられてきた背景を解説するとともに、次章では本当に見直すことができるのか、どのように改善できるのかについて、考えていきたいと思います。

(1)　前からやっていることだから（伝統、前例の重み）

◎ビルド&ビルドな学校

一つ目は「前からやっていることだから」。学校にはさまざまな伝統、前例があります。企業等では「スクラップ&ビルド」と言われるように、何かを新しく建てる・つくる（ビルド）には、何かを廃止すること（スクラップ）が必要となるシーンは多くあります（ある土地に、古くなった建物を取り壊して新しいビルを建てることをイメージしてもらってもいいですし、ある不採算事業をやめて、新規事業のほうに人員を異動させることをイメージしてもらってもいいでしょう）。

しかし、学校では、昔からやってきたことをやめたり、軽くしたり、統合したりすることを苦手としているところが実に多いのが実態です。たとえば、あなたの学校では、次のようなことがないでしょうか？

- 10年以上前に運動会で地域の伝統の踊りを披露したところ、保護者や地域の方に好評だったらしい。そのときから毎年続いている。今は地域も高齢化が進み、教えに来てくれる人も少なく、教員の負担になっている

●本校は、20年近く前は剣道の強豪校だった。今やその影もなく、部員数は数人だ。休部・廃部含めて検討したいと思う教員もいるが、校長は、保護者のなかにはOBもいるのだから「わたしの代で伝統を壊すわけにはいかない（≒わたしが校長のうちには騒がないでくれ）」と言って、議論すらさせてもらえない

●何年か前にできた校務分掌の委員会がほとんど休眠状態のまま残っていて、一応年間計画なるものを作らないといけない

こうしたことは、程度の差はあれ、さまざまな学校現場で見られることと思います。しかも、学校は従前のことだけをやっていればよい、というわけではありません。「○○教育」、「××対応」などというかたちで次々と新しいことが降りかかってきます。つまり、「スクラップ＆ビルド」とはほど遠く、**「ビルド＆ビルド」となっているのが学校**です。

ある有識者は、学校は「増築に増築を重ねて迷路化し、お客様も、スタッフも、経営者も迷子になる日本旅館だ」と話してくれました。笑ってばかりもいられませんが、うまいたとえです。

ちなみに、昔からやっていることを見直すのが苦手なのは、教職員だけではありません。PTA活動などにも似た話はたくさんありますよね。たとえば、ベルマーク集めの歴史は1960年まで遡ることができるそうですが、大変な労力がかかります[*50]。どこまでやるべき、続けるべきでしょうか？

何かを見直そう、もう少し学校やPTAの負担を軽くできないか、と言っても、「前からやっていることを急に見直すわけにはいかない」といった言葉で跳ね返されてしまう。学校での伝統・前例とは、かくも重いものです。

◎なぜ、学校では伝統・前例を重んじるのか？——学校は取捨選択する基準をもちにくい

「伝統・前例なんて無視してしまえ」、「そんな古臭いものを気にしているのがいけない」と批判するのは簡単ですが、現実にはなかなか見直しは進みません。わたし自身も国家公務員のときに経験がありますが、前から続いていることをやめる、減らすということは、思いのほかむずかしいのです。なぜでしょうか？

それは、伝統・前例を重んじるのにもそれなりの理由・事情があるからです。そこをしっかり見たうえで対策を考えないと、空回りすることになります。ここでは2点に絞ってお話しします。

1点目の事情は、企業ならば収益性、費用対効果、将来性などの一定の視点と基準をもって事業のスクラップ&ビルド、あるいは「選択と集中」を考えることができます。行政では、予算が付くかどうかがある取り組みを続けるか、やめるかのひとつの判断材料になります。

ところが、学校では予算があろうがなかろうが、継続していることは多いです。もちろん、企業も行政もそう単純に割り切れないことが多いのも事実ではありますが、**学校では企業や行政以上に、取捨選択のよりどころとなる視点や基準をもちにくい**のが実情です。

(3)で詳しく解説しますが、「子どものために」という視点、基準ではあらゆることが大事なことに見えてきて、スクラップ&ビルドにはほとんど役立たず、むしろビルド&ビルドを助長させます。

◎前例踏襲のほうが安全だから

前例が参照され、重視される2点目の事情は、それが安全な道だからです。先人がある程度検討し、

かつやってみて大きな問題は起きなかったという蓄積をもとに、そこから学習して今回もそうしようと考えるのは、合理的かつ効率的な判断です。とりわけ、教職員のように、子どもの人生を大きく左右しかねない立場であれば、なおのこと、安全な道を選びたくなります。

以上の2点、減らそう、軽くしようという視点、基準をもちにくいこと、また安全重視のために、学校では以前からやっていることの「慣性の法則」（昔、学校で習いましたね？）が働きやすいのです。

しかし、だからといって、前例があるからということで、**その前例の効果は今回にも当てはまるのかどうか、別の手段・方法はないのかなどに考えを及ぼさなくなる、思考停止してしまうことには、注意が必要**です。このあたりは次章で改めて振り返ります。

(2) 保護者の期待や生徒確保があるから（保護者と生徒獲得のプレッシャー）

◎保護者対応にそれほど時間はかかっていないが

背景の二つ目は、保護者の期待、プレッシャーです。たとえば、部活動に休養日を設けようとすると、「なぜ練習してくれないのですか」という苦情が来るだろう、という（教員側からの）意見が必ず出てきます。授業でも、ある単元をさっさと終わらせると「なぜもっとじっくりやってくれないのですか」という苦情が来てもいけない、と教員は思ってしまいます。

ＯＥＣＤ・ＴＡＬＩＳによると、週60時間以上の長時間労働の教員でも、保護者対応にはそれほど時間を要しているわけではありません（1週間のうち1・5～2時間程度）。また、２０１６年度実施の教員勤務実態調査でも小・中とも1日に10分あるかないかであり、この数字は2006年度調査とほとんど変わっていません。つまり、「モンスターペアレント」やクレーマーなどの問題が世間的にはイメージされやすいのですが、平均的には、それほどの負担ではないのです。

もっとも、3点ほど注意と留意が必要です。

第一に、調査に現れやすいのは、平均的な時間に過ぎず、ばらつきが大きい可能性があること。ひとたびトラブルとなれば、大変な時間を要する場合も多いことでしょう。

第二に、時間という量だけでなく、精神的なストレスという質に注目すると、やっかいな保護者対応は、教職員にとって大きな悩みの種であることは事実です。実際、第2章で見たように、教員の過労死や自殺の背景には保護者対応が影響したケースも多くあります。

第三に、保護者からの苦情、トラブルを回避するために、教職員の多くはすでにさまざまなことを先回りして対応している（そのために、結果として保護者対応の時間が短く済んでいる）という可能性です。たとえば、うちの小学生の子どもについて言えば、学校でちょっとした怪我をしただけで、担任の先生は夜7時や8時という保護者が帰宅している頃を見計らって電話をくれます。わずか1、2分の電話ですが、先生たちは非常に気を遣っているなあと感じます。

内田良准教授も「多くの先生は、保護者のリアクションを大いに気にしている。とりわけ、新しいことを始めたり、これまでやってきたことをやめたりする際には、保護者がどういう意見を言ってくるかを先取りし、思い悩む」と述べています[*51]。

さらに、保護者対応という点に加えて、生徒を獲得したいという事情が多忙化を加速させます。他校と競争しているなか、生徒を確保するためなら、部活動指導に熱心になっていくというケース、あるいは放課後や休日の補習などに教員を駆り出さざるを得ないといったケースもあるでしょう。さらには、公立高校や私立学校の教員は、学校説明に回るなど〝営業〟にも大いに時間を取られます。

◎プロセスと結果を検証することのない根性論で走っていないか？

このように、保護者対応や生徒確保のための仕事は、仕方がないこと、ある程度の時間を要して当然のことのようにも見えます。しかし、本当にそうでしょうか？

問題は、ある程度大事なことだとしても、**それほどの時間をかける必要が本当にあるのだろうか、また、今の分担が適切だろうかという点がほとんど省みられていない**ということです。先生たちは確かによくやっているのですが、頑張った結果もプロセスもほとんど検証しないまま、また頑張りましょう、という精神論で走ってしまっているように見えます。

たとえば、保護者の苦情はあるかもしれませんが、それは保護者多数の声ではないかもしれません。むしろ多数の保護者は、サイレント・マジョリティと言って、言わないけれど声の大きい人とはちがった気持ちや意見をもっている可能性も高いです。

過労死ラインを超えるような多忙な現実を知れば、部活動の運営の在り方を見直すことに関心をもってくれる保護者も多いことでしょう。家族でも過ごしたいし、部活動に休養日が必要と思っている保護者も案外多いかもしれません。そういう点を確かめようともせず、前例と異なる対応をすれば保護者からのクレームが来るかもしれない、と思い込んでいる学校もあります。

また、ある活動（部活動や補習等）が生徒獲得のために必要だとしても、本当にそこに保護者や生徒の多くは注目しているのでしょうか？　たとえば、いくら「本校の特色は野球が強いことです」と言ったところで、これは野球部に入りたい子以外にはほとんどPR効果はないのです。それに、生徒獲得のためにそれほど大事な部活動であれば、異動の頻繁な教員を顧問に据えるより、外部から指導者を招くほうが持続的です。

さらには、補習に教員の労働力を無償で使おうとする発想ではなく、インターネット教材で、本人の習熟度や弱点に応じた学習を進めることがあってよいと思いますし、地域の方（教員ＯＢ等）や学習塾講師に依頼している学校だって多くあります。教員はその時間の一部を、生徒の学習意欲を高めるような授業準備に使ったほうがよいでしょう。

わたしは、保護者対応や保護者の期待を先回りして対処すること、生徒確保のために努力や工夫をすること自体を否定しているのではありません。ともすれば、それは、根性論でとにかくやれ、と生産性や時間対効果（投入時間に見合った効果があるかどうか）を無視したものになっていませんか、本当にその教員が担当するのがよいのですか、という点を問いかけたいのです。

(3)　子どものためになるから（学校にあふれる善意）

◎学校は教師の献身性に支えられている

三つ目に、これが最も根っこの部分だと思います。なぜ教師たちがどんどん多忙になるかと言えば、それは、子どものためによかれと思ってやってきた結果、仕事の量も種類も増えてきたからです。

よく言えば、先生たちのボランタリー精神、善意が日本の教育を支えてきたということでもあり、悪く言えば、教師たちの献身性におんぶに抱っこだったのが学校であるし、教師は自分で自分の首を絞めてきた部分もある、と言えます。

◎時給数百円でも、子どものためになるからやる

たとえば、部活動の負担が重いことはずっと以前から知られてきたことです。1970年代には部活動を教員ではなく、地域社会に担ってもらおうという議論が起きました[*52]。しかし、これまでなかなか見直しが進まなかったのは、部活動の教育効果が大きいと考えられてきたからです[*53]。つまり、生徒たちの心身の健康や鍛錬、困難なことに挑戦してやりきったという達成感、仲間との人間関係など、生徒指導上の効果や生きる力を高める効果が部活動にはある、という考えです。**「子どものためになる」という思いで、顧問の先生たちは、放課後も休日も返上で**頑張ってきました。

部活動の顧問をしても、手当としては、平日はゼロ、休日は3、000円程度（4時間以上の場合、自治体により差はある）で、試合の日などは時給にして数百円であり、実質ボランティアに近い状態です。自治体によっても異なりますが、教員の給与額は近年削減されているトレンドであり（これは保護者の多くも知らない事実ですが）、休日部活動手当はあるだけありがたいという方もいますが、お金目当てで部活動の顧問を引き受けている人はほとんどいないと言えるでしょう。子どものために自ら進んで頑張るという人もいるし、本当はやりたくないけれど、みんなやっているから仕方なくという人もい

ます。

◎採点や添削、成績処理に多大な時間

また、宿題や課題の採点についても、丁寧に見て感想やフィードバックを返したほうが、「子どものため」になると考える教員は多いです。しかし、そうするとやはり時間はかかってしまいます。もう一度ＴＡＬＩＳのデータ（43頁の図表１－11）を見ると、中学校教員のうち週60時間以上75時間未満働いている過重労働の人は、平均して週５・１時間、生徒の課題の採点や添削に割いています。また週75時間以上というより過酷な人は、週５・８時間、採点・添削に使っています。**採点・添削には、生徒に対する教育相談よりも多くの時間を使っている傾向**があります。

小学校の教員のなかには、中学校以上に採点・添削等に時間を使っている方も多くいます。あらゆる教科を教えますし、漢字などきめ細かく見なければならないことも多いからです。

採点や添削等に関する業務のすべてがムダとは言いません。必要なものも多いでしょう。しかし、ＩＴで代替できるものは任せること（宿題や補習を、ソフトや動画などを使って個々の子どもの進度に応じて行っている例はすでに多くありますし、近い将来にはＡＩの活用や読み取りソフトの精度は高まるでしょう）、その予算がない場合には、教員以外の人に一部はお願いすることができれば、教員が採点・添削等にかける時間は大いに浮く可能性があります。たとえば丸付けは児童生徒本人または家庭でしてもらうことや、支援ボランティア、またはのちに紹介するアシスタントの活用も考えられます。

◎なんのために作っているのかわからない指導要録

成績処理に関連して、教員が相当の時間を使っているのが、通知表や指導要録の作成です。「子どもたちのためになるから」という観点に加えて、前述の「前からやっていることだから（伝統、前例の重み）」という要素も強い話です。

指導要録というのは、児童生徒の学習及び健康の状況を記録した書類のことで、法令上作成・保存が義務付けられています。指導要録の様式は教育委員会が決めることですが、文部科学省が参考様式を示しているので、全国的にほぼこれに倣っているものと思われます。そして、この指導要録での学習評価は、教科ごとに、関心・意欲・態度、思考・判断・表現、技能、知識・理解といった観点別に評価することを国は求めています。

文科省は「学習評価を通じて、学習指導の在り方を見直すことや個に応じた指導の充実を図ること、学校における教育活動を組織として改善すること等が重要」と述べています（「小学校、中学校、高等学校及び特別支援学校等における児童生徒の学習評価及び指導要録の改善等について（通知）」）が、指導要録や通知表には問題が多いことも確かです。３点に整理しましょう。

第一に、すべての児童生徒を、個々に細かく評価しますので、相当の時間的かつ精神的な負担が教員にかかっている事実です。情報開示請求が来る場合もあるので、評価の根拠を問われたときに答えられるようにしておく必要があるのは当然です。また、総合的な学習の時間の評価や総合的な所見の欄は文章での記述となりますが、本人や家族が見るかもしれないので、学校側は非常に気を遣います。

そこで、その子にとっての課題などネガティブな表現は避ける、書き換えるという例も少なくないようです。担任⇓学年主任⇓副校長・教頭⇓校長と三重にも四重にもチェックするなど、大変な労力をかけている学校もあります。通知表の場合は、当然本人や保護者が見ますので、誤字はないか、表現が適切か等を細かくチェックします。こうした労力は、成績をつける一時期のものなので、実態調査等には現れにくいものの、大きな負担となっています。

また、音楽や美術、技術・家庭など、１人の教員が多くの学年・学級を見ないといけないものは、成績処理の時間が膨大なものとなります。

第二に、１点目で述べたように、ネガティブな情報や反省材料をあまり書かない傾向があるために、文科省が述べているような理想的なＰＤＣＡサイクルとはなっていない学校もある、ということです。言い換えれば、学習評価は形骸化してしまっていないでしょうか？

第三に、実は通知表は指導要録と異なり、法令上規定はありませんし、学校の裁量で工夫できる余地はあります。なくしてしまうことも可能です。通知表の代わりに、面談などして本人や保護者にフィードバックするという方法もありえます。しかしながら、指導要録は必要なので、結局、通知表を工夫しても、そう大きな差は出てこないかもしれません。

以上の問題点から、現場の教員にとってみれば、なんのために、ここまで丁寧に指導要録や通知表作成に時間を使っているのか、わけがわからないという声も多くあります。指導要録として学籍情報など残しておくべき情報もあることは確かですが、学習評価、指導に関する記録と通知については、指導要録と通知表の両面で簡素化することを含めて、見直す余地があるように思います。

◎どこまでも拡張する、〝子どものためになるから〟

部活動や採点だけではありません。「子どものためになる」という気持ちでは、仕事はどんどん増える一方です。もちろん、子どものためを思わない教師、自身の保身やとりあえず授業をやっておけばよい、などと思う教員が増えたら大変なことになります。実にむずかしいのですが、**「子どものため」という気持ちは大事だけれど、だからといって仕事を増やし過ぎていないか、振り返り、見直していく必要がある**、ということです。

文科省は「学校現場における業務改善のためのガイドライン」（2015年7月）をはじめとする施策や啓発で、教員の多忙化を改善し、**もっと「子どもと向き合う時間」を増やそうと呼びかけています。これは半分正しく、半分誤り**だと思います。日本の教員の多くは、子どもと向き合うことを大事にしようとするあまり、提出物の丁寧なチェックやほとんど一からオリジナルで進める教材研究、〝〇〇指導〟や〝〇〇教育〟の増加などで時間を取られ、長時間過密労働の問題がいつまで経っても解決しない、デッドロックに陥っているからです。

具体的な話を紹介します。健康社会学者の河合薫氏は**「子どもがかわいそう」というのは、教師を追い詰める「呪いの言葉」**になっていると指摘します[*54]。そして29歳のある小学校教師の言葉を紹介しています。

「給食のない日。お弁当を持ってこない生徒がいます。親に何度連絡しても、『わかりました。気をつけます』って言うんですけど、絶対に持たせない。子どもがかわいそうなので、私、自分のお弁当をたくさん持っていって子どもにわけています。」

河合さんはこう述べています。

多くのバーンアウト研究から、「一人きりで責任を背負うことのない職場」にすることの重要性が示唆されている。だが、新人であれ、20代であれ、「先生」は「先生」。いったん「先生」になった途端、余人をもって代えがたい状況に追い込まれ、〝その先生〟が対応しなければならない仕事に四六時中追われ、何か問題が起きると、すべて〝その先生〟の責任にされ……。仕事が好きな人ほど、真面目な人ほど、「子どものため」にと孤軍奮闘し、追い込まれる。

◎〝子どものためになるから〟が膨張する理由1：教師のモチベーションの源泉

教員の多くは、子どもと向き合う仕事や子どものためになると思えることであれば、負担に感じにくいし、忙しくても構わない、と考える傾向にあります（第1章参照）。つまり、「子どものため」になっているというのは多くの教師にとって喜びであり、モチベーションの源泉（やる気を高める源）です。そのために、「子どものため」と思って行うことは、歯止めがききにくく、増幅しやすいのです。

人は何を求め、どんなことにモチベーションを感じるのか。マズローの欲求5段階説というのが有名です。マズローは、①生理的欲求（生きていくための欲求、食欲、睡眠欲など）、②安全欲求、③社会的欲求（集団に属したり、仲間を得たいなど）、④承認欲求（他者から認められたい、尊敬されたいなど）、⑤自己実現欲求（自分の能力を引き出し、創造的活動がしたいなど）の5つに分類しました。これに照らすと、「子どものためになる」活動や子どもの成長を実感できる仕事は、教員にとって、④承認欲求を高めますし、⑤自己実現につながるという人も多いでしょう。

愛知教育大学等の調査（2015年）によると、教員の仕事について97～98％の小・中・高校教員が「子どもの成長にかかわることができる」と答えており、「仕事を通じて自分が成長している」と思う人は小学校90％、中学校83％、高校84％もいます。

◎理由2：子どものために頑張る人が認められる職員室の価値観

「子どものために」が膨らむ理由の二つ目は、学校という職場では、子どものために頑張っている人が認められるからです。これは当然と言えば当然な話ですが、④承認欲求とも結びつく話です。

学校の価値観として、「時間や費用対効果の考えは薄く、一生懸命なことが美徳となっている」と、ある小学校教諭はわたしに話してくれました。次の方程式が、あなたの職場でも当てはまらないでしょうか？

長い時間働いている人＝一生懸命子どものために尽くしている人＝評価が高い人

この方程式は、人事評価制度とも関わりますし、人事といったフォーマルな（公式的な）ものにかぎらず、職場での評判にも関係します。このため、人事制度だけいじって解決するという話でもありません。

教育社会学者の久冨義之名誉教授もこう指摘しています[*55]。

教師世界では、「熱心さ」がどの国でも価値になっている。……（中略）……「多忙」は「熱心教師」が胸につけた勲章になる。教師という仕事はその性格の内側に「長時間労働もいとわずとり組むのが美徳」という、自分たちを圧迫する面をもともと持っている職業だといえるだろう。

◎理由３：「わたしがやらねば」という責任感（ともすれば自惚れ）

あとで触れる「⑹　結局、わたし（個々の教職員）が頑張ればよいから」とも重なりますが、「子どものために」を重視する背景には、「わたしがやらなかったら（この子はどうなるの⁉）」という責任感が教師の側に強いという事情があります。とくに小学校では、学級担任制なのでより顕著です。

これにはよい点も多いのですが、一面では、あえてキツイ言葉で言うと、抱え込みや自惚れ（変なプライド）とも言えます。たとえば、「この部活動の指導をするのはオレじゃないと強くなれない」と信じている顧問の教諭は、ほかの優れた指導者から学ぼう、あるいは、任せられることは任せようという気持ちにはなりづらいのでしょう。実際、運動会や部活動などでは、学級担任や顧問は「〝うちの子たち〟はよく頑張った」といった表現を口にします。これは、別の観点から見れば、「うちの子のことはほかの人には預けたくない」という、ある意味保護者的な発想や、子どもを所有する考え方に近いものを感じます。

子どものためを思う気持ちは大切ですが、なにもかも自分がやらないといけない、抱え込まないといけない、というわけではないはずです。

◎理由４：よかれと思っていることは見直しにくい

繰り返しになりますが、多忙化の背景には、教職員のあふれんばかりの献身性、善意があります。これはとてもやっかいな問題です。なぜなら、**よかれと思ってやっていることは、その弊害や行き過ぎに自分では気づきにくく、軌道修正が行いにくい**からです。「日本の場合、目的が教育だということになると、何でもかんでもオーケーになって、歯止めがかからなくなってしまう」との指摘もあります[*56]。以上の４つの理由から、「子どものために」という気持ちと業務は広がりやすいのです。

(4) 教職員はみんな（長時間一生懸命）やっているから（グループシンキング、集団思考）

◎同調圧力が強い

長時間労働が改善しない背景の四つ目の理由は、「赤信号、みんなで渡れば怖くない」に近い発想です。グループシンキングまたはグループシンク（集団思考）と呼ばれることもありますが、周りがそう思っていると、自分も冷静に判断できず、つい同調してしまいがちです。

ある興味深い心理実験があります。アッシュというアメリカの心理学者が行ったものですが、被験者にある一本線の絵を見せて、これと同じ長さの線の絵を選んでくださいという問題を出しました。だれも間違えようのないような簡単な問題です。ところが、被験者の前にサクラの回答者を６人前後並べ、被験者の先の回答はみんな間違った答えを出すようにしました。そうすると、被験者もサクラの回答につられて間違える確率が高まりました。アメリカでも日本でも実験をして、だいたい23～25％くらいの割合で間違える（＝同調する）そうです[*57]。

また、東京大学教授だった中根千枝さんは、50年も前（１９６７年）に『タテ社会の人間関係』（講談社）で次のように指摘しています。

人間的なつながりに、日本人としての価値観が強くおかれているといえよう。……（中略）……「みんながこういっているから」「他人がこうするから」「みんながこうしろというから」ということによって、自己の考え・行動にオリエンテーションが与えられ、また……他人の考え・行動を規制する。

日本人特有のことかどうかはわかりませんが、学校でも同調圧力は根強く残っています[*58]。そして、「みんな一生懸命やっているから仕方がない」という発想は、これまで紹介した「(1) 前からやっていることだから（伝統、前例の重み）」、「(3) 子どもたちのためになるから（学校にあふれる善意）」とも重なり、増幅されていきます。

◎民主主義を育てる学校が全体主義的に

「部活動の顧問はやりたくないけれど、みんなやらざるを得ないから、自分だけ抜けられない」、「この学年ではみんな放課後の学習支援までやっているなか、自分だけ家庭の事情を持ち出しづらい」など、学校には全体主義的なところ、個々人の自由は全体のために犠牲になってもやむを得ないとする風土が各所に見られます。民主主義や自由の精神を育てる学校教育が、本当にこれでよいのでしょうか？

実際、平成28年度全国体力・運動能力等調査によると、中学校では部活動の顧問は「全員が当たることを原則としている」学校が87・5％と大多数であり、「希望する教員が当たることを原則としている」は5・3％に過ぎません。**部活動は学習指導要領上、実施することが必須ではありません。教育課**

程外の活動です。それにもかかわらず、全員で実施することが中学校では常識となっているのです。

しかも、「子どものために」という善意のもとみんなでやろうとするので、「わたしはやりたくない」、「もっと負担は減ってしかるべきだ」という声は職場で発しにくいし、吐露としても採用されにくい構造にあります。

第2章で紹介したように、長時間労働の教員のなかには、学校が楽しい、もう一度選べるとしたら教師になりたいと前向きな人も多いのですが、一定割合はそうではなく、しんどく感じています。あなたは、声なき声に耳を傾けているでしょうか？

(5) できる人は限られるから（人材育成の負のスパイラル）

◎人を育てる時間がなく、できる人に仕事が増えて、さらに苦しい職場に

中原淳准教授の『フィードバック入門』（２０１７年）によると、企業等のマネジャーは、負のスパイラル（悪循環）に陥る危険性があります。

部下を育てる時間がない

↓

できる部下は多忙・激務化、できない部下はモチベーション喪失

↓

メンバーが辞めていく

↓

■図表３－２　学校における人材育成の負のスパイラル（悪循環）

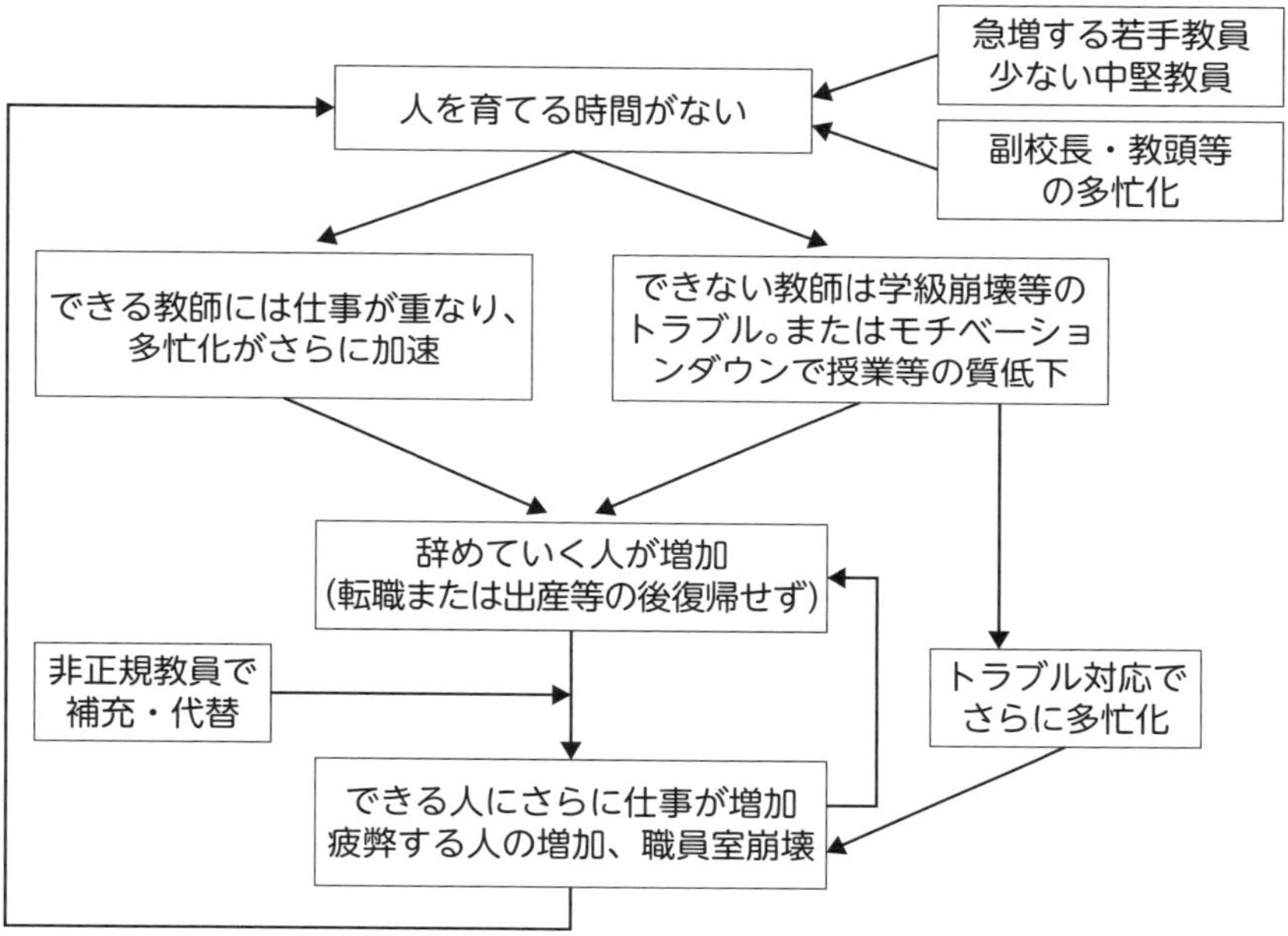

自分が業務をやるしかない（マネージングプレイヤー化）

←

部下を育てる時間がない

←

マネジャーの疲弊、職場の崩壊

このことは、学校の管理職（とりわけ多忙を極めている副校長・教頭）にもかなり当てはまるように思います。中原准教授の分析をヒントに、学校に応用して考えると、おそらく多くの学校が**図表３－２**のような状況だと思います。

この流れを確認いただくと、このままではいけない、と多くの教職員は思うのではないでしょうか？

しかし、この悪循環、どこから対処していくべきでしょうか？　詳しくは第４章で扱います。

(6) 結局、わたし（個々の教職員）が頑張ればよいから（個業化を背景とする学習の狭さ）

最後の六つ目として、「結局、わたしが頑張ればよいから」という教職員一人ひとりの内面について解説します。

◎卒業式マジック？　年度や異動を期にリセット

- ●忙しいのをなんとかしたいのは山々だけど、見直す暇もない
- ●中学校や高校は部活もあって、なかなか職員で集まることすらできない
- ●行事や分掌の仕事をしていて、これはもっとこうしたほうがいいなと思うことは時々あるんだけど、年度が替わるとまたリセットされて

といった声はよく聞きます。あなたの学校ではどうでしょうか？

(1)～(5)で述べた多忙が改善しない背景は、多くの教職員が仕方がないと思い込んでいる〝神話〟であると説明しましたが、現場の教職員としては「おや、これはおかしいかも」、「もっとこうしたほうがよいかな」と感じるときもあるはず。しかし、そうした個人の気づき、学習が学年や分掌、学校全体という組織には共有されないで、人事異動や分担の変更に伴い改善されないままとなっているのです。

〝卒業式マジック〟!?

ある中学校の先生が教えてくれました。これは、1年間いろいろな苦労をして、さまざまな課題や改善点が見えてきても、感動的な卒業式を迎えると、「教師をやってきて本当によかったな」と思える。

そのあと新学年、新学期が始まり、バタバタするうちに卒業式以前に感じていたことの大方がまあよかったかなと思え、リセットされてしまうことを指しています。

すべてがすべてこうではなく、改善されていくものや引き継がれていくものもあるでしょう。また、どこかで一度休むことは、疲れやストレスを引きずらないという意味ではプラスのところもあることでしょう。

しかし、学校の活動、取り組みとして、年度ごとにリセットされ、組織的な学習があまり蓄積されないというのは、実にもったいないと言えます。それで結局、「これはなんとかならないかな」とは思いつつ、例年通りのことの多くは進んでしまう。あとは自分がやるしかないかな、となってしまうわけです。

◎任せられない

組織、チームで仕事をするメリットのひとつは、分業と協業です。つまり、任せられることは任せること、一緒にやったほうが効果的なことは連携して取り組むことです。１＋１が2以上になるというわけです。

しかし、学校の先生のなかには、任せることや連携が苦手な人は実に多いと、多くの教職員から聞きます。たとえば、ある教材を学年や過去のものと共有すればよいのに、自分でつくろうとすることにも現れています。学校は、協業（チームプレー）ではなく、「個業」（個人プレー）になっているとも言われます。

■図表３－３　日本の中学校での教員間の協力について（総労働時間別結果）

◆他の教員の授業を見学し、感想を述べる

	行っていない	年に1回以下	年に2～4回	年に5～10回	月に1～3回	週に1回以上
週30時間以上40時間未満	7.5%	13.3%	50.0%	20.8%	4.2%	4.2%
週40時間以上60時間未満	5.4%	12.7%	54.5%	18.6%	5.6%	3.3%
週60時間以上75時間未満	4.6%	9.0%	52.1%	22.2%	8.2%	3.9%
週75時間以上	6.2%	12.1%	46.6%	19.4%	10.2%	5.4%

◆同僚と教材をやりとりする

	行っていない	年に1回以下	年に2～4回	年に5～10回	月に1～3回	週に1回以上
週30時間以上40時間未満	17.5%	6.7%	22.5%	17.5%	20.8%	15.0%
週40時間以上60時間未満	10.3%	6.3%	21.3%	19.9%	22.5%	19.7%
週60時間以上75時間未満	7.5%	4.5%	20.9%	20.5%	26.2%	20.3%
週75時間以上	6.8%	4.1%	19.6%	17.7%	25.3%	26.6%

◆特定の生徒の学習の向上について議論する

	行っていない	年に1回以下	年に2～4回	年に5～10回	月に1～3回	週に1回以上
週30時間以上40時間未満	9.2%	6.7%	21.7%	18.3%	27.5%	16.7%
週40時間以上60時間未満	6.0%	5.0%	17.6%	15.9%	28.8%	26.7%
週60時間以上75時間未満	3.7%	3.8%	17.8%	15.6%	29.8%	29.3%
週75時間以上	4.6%	3.8%	13.5%	14.6%	31.3%	32.3%

出所）OECD国際教員指導環境調査（TALIS）2013をもとに作成

これは、自分が担当する目の前の子どもたちのことを一番知っているのは自分なのですから、ある程度は仕方がないことですし、熱心で前向きな姿勢と評価できることでもあります。しかし、これだけ忙しくなっている現場で、もっと短縮できることや借りてこられるものは楽にしていくことも必要です。

分業と連携があまりできていないとすれば、なぜなのでしょうか？

わたしは、当初、「忙しいから連携できない→自分で抱え込む→さらに忙しくなる」という悪循環があるのではないか、と考えました。ところが、次のTALISのデータを見ると、この仮説は必ずしも当てはまらない場面もありそうです（**図表３－３**）。

この表は、週の総労働時間の４グルー

プ別に、教員の協力的な活動の頻度についての設問をクロス集計したものです。「他の教員の授業を見学」、「同僚との教材のやりとり」、「特定の生徒についての議論」、いずれも長時間労働だからといって、頻度が少なくなるわけではありません。むしろ、若干頻度が高くなる傾向すら見えます。

■図表3－4　教職員間のコミュニケーション不足が起こりやすい背景

①一緒にいて話しかけられる場、時間が少ない。
・教室で作業する小学校教師、部活動に忙しい中・高の教師。
・昔のストーブ談義に代わるものがない。

②教師は弱みを見せづらく、共有しづらい職業。
・各教員は十分に一人前であるというフィクションの前提。
・同僚にも弱みを見せづらく、ヘルプサインを出しづらい。

③現状が可視化される場が少ない。
・各教員の活動実績や状況が可視化される場が極めて少ない。
・職員会議等も連絡事項の共有にとどまり、各々の活動や気になることを共有する場にはなっていない。

ですから、長時間働いているから同僚と協力しない、というわけではないようです。しかし、たとえば「同僚との教材のやりとり」については、どのグループも月に1回以上は4～5割程度にとどまっています。つまり、**およそ半数以上の教師は月1回も教材のやりとりをしない**のです。小学校や高校のデータがないのが残念ですが、特に小学校ではさまざまな教科の準備が必要なのですから、教材や指導案の共有・活用は必須であると思います。

◎教師はヘルプサインを出しづらい職業

どうしても仕事柄、属人的（その人のやり方やパフォーマンスに依存する）になりやすいのが教職ではありますが、教師は同僚に「教えてください」、「ちょっと悩んでいるんです」と伝えにくい仕事であるとわたしは観察しています。つまり、ヘルプサインを出しづらいのです。**なぜちょっとしたコミュニケーションがとりづらくなっているのでしょうか？**

少なくとも3つの原因が考えられます（図表3－4）。

第一に、**一緒にいて話しかけられる場、時間が少ない**ことです。昔は職員室にストーブがひとつしかなくて、そこで集まって雑談できたのがよかったと懐かしむ人も多いのですが。前述したように、非正規雇用の増加も影響しています。

第二に、これがより根本的な背景だと思いますが、**教師は弱みを見せづらく、共有しづらい**職業であるからです。学校では採用1年目の4月から、一人前の教師として教壇に立たないといけません。子どもたちにはもちろん、保護者等に頼りないと見られるわけにはいきません。さらに、同僚、上司に対しても、弱みを共有するのは簡単ではありません。悩みや困ったこと、気になる子がいても、そのことを同僚に話すことは、自分の学級運営力や授業力のなさを露呈しているようなものと捉える教員もいます。

第三に、企業などと異なり、**現状が可視化される場が少ない**という背景もあります。たとえば、企業であれば、部や課単位で集まり、商品・サービスの受注状況や営業状況、工場の稼働状況などを把握・分析する場も少なくありません。こうした会議では、各々の活動の状況報告にとどまらず、関連情報や営業などのコツ、今後の改善方針などをなるべく可視化、共有しようとします。しかし、学校では、こうした現状確認の場が極めて少ないのが現状です。職員会議や企画会議（管理職ら主要メンバーによる会議）はあっても、連絡事項の共有がほとんどで、各々の活動や気になることを可視化するものとはなっていないことが多いのではないでしょうか。

以上、少なくとも３つの点で、学校は放っておくとコミュニケーションが起きづらい職場であり、個業化しやすい組織である、と言えます。そのため、学校では企業以上に、意図的にコミュニケーションの場をつくっていく必要があります。

多忙化対策のためだけでなく、あとで述べるように、学校のビジョンを明確にして推進していくうえでも、また「チーム学校」を機能させていくためにも、このコミュニケーションのむずかしさをしっかりと捉えておく必要があります。

✳ Summary「第3章　なぜ忙しいのか、なぜいつまでも改善しないのか」

○学校が多忙となる背景には、学校の担うべきことがどんどん拡大していることがある。今や多くの学校は、教育だけをやっていたらよいのではなく、〝福祉機関化〟している。

○右記のことに加えて、より根本的には、次の６つの要因がある。これらが複合的に影響して長時間過密労働が加速し、改善しないのである。

(1)　前からやっていることだから（伝統、前例の重み）

(2)　保護者の期待や生徒確保があるから（保護者と生徒獲得のプレッシャー）

(3)　子どもたちのためになるから（学校にあふれる善意）

(4) 教職員はみんな（長時間一生懸命）やっているから（グループシンキング、集団思考）
(5) できる人は限られるから（人材育成の負のスパイラル）
(6) 結局、わたし（個々の教職員）が頑張ればよいから（個業化を背景とする学習の狭さ）

○(1)「伝統、前例の重み」については、学校では企業や行政以上に、取捨選択のよりどころとなる視点や基準をもちにくいこと、前例のほうが安全な道と思われていることが背景にある。
○(2)「保護者と生徒獲得のプレッシャー」については、これほどの時間をかける必要が本当にあるのだろうか、という点がほとんど省みられていないまま進められていることに注意が必要である。
○(3)「子どもたちのためになる」については、どこまでも教員の役割が肥大化する危険性がある。子どものためというのは、教師にとってモチベーションの源であり、職場も頑張る人を評価する価値観にあるため、歯止めがききにくい。
○(4)「みんな一生懸命」については、同調圧力とも言えるもの。
○(5)「人材育成の負のスパイラル」は、人材育成に時間をかけられないことで、できる人に仕事がさらに集中し、学校はますます忙しくなっている。
○(6)「わたしが頑張ればよい」については、教員は人に任せるのが苦手で、弱みを見せづらい職業であるため、ヘルプサインを発見・共有しにくいことに注意したい。

✳ How about you?

1 あなたの学校でも多忙、長時間過密労働が大きな問題であるとすれば、どのようなことが背景、要因としてありますか？　本書であげた背景・要因を参考に、学校の実情に合わせて具体的にリストアップできるとさらによいと思います。背景・要因のうち、とくに時間を取られている（多忙化への影響が大きい）ものは何でしょうか？

2 1で議論した多忙化の要因について、さらに仕分けをします。「仕方がないし、解消するのは相当むずかしいもの」、「見直せる余地が少しはあるもの」、「見直せる余地が大いにあるもの」のどれでしょうか？　または別の視点として、「学校（教職員）だけの努力で改善できるもの」、「教育委員会との連携・協力が必要なもの」、「家庭や地域との連携・協力が必要なもの」などと分類してもよいでしょう。

3 1と2の結果を、たとえば、次頁のような表に整理してみましょう。

	解消するのは相当むずかしい	見直せる余地が少しはある	見直せる余地が大いにある
多忙化への影響　大	●成績処理の方法が煩雑で時間をとる	●部活動の時間が長い	●分掌業務の引継ぎが少なく、不慣れななか実施している
中		●提出物へのコメントなどが丁寧過ぎる	●会議が非効率で長い
小	●○○の件での保護者対応		●学年便りの作成や学校HPの更新

4　2と3で検討した結果、見直せる余地があるものについて、どのようなことを行っていけばよいと思いますか？

第４章

本気の学校改善

――あきらめる前にできる、半径３ｍからの実践

【基本方針1】現実を見よ。本当にこのままでいいのかという対話を

◎忙しすぎる学校をあきらめかけているあなたへ

この章では、お待ちかね、「ではどうするか」です。

とはいえ、特効薬や魔法の杖がある世界ではありません。そんなものがあれば、これだけ学校の多忙化、長時間過密労働の実態は社会問題化しておらず、もっと早く帰る先生が多くなっているはずです。

わたしは、全国各地でこの問題について講演や研修、学校向けのコンサルテーションと助言等を行っていますが、学校現場の本音としては、あきらめモードな方も多いことを肌で感じています。

- 教員定数が増えないなか、現場にこれ以上期待されてもムリ
- 国は多忙化を改善したいと言いながら、学習指導要領などでは仕事を増やすばかりではないか。現場はたまったもんじゃない
- 今回も世間や周りは多少騒ぐけれど、学校のなかは無風状態、変わる気がしない

といった声も聞こえてきます。

しかし、**あきらめてしまっていいのでしょうか？** 元気な子どもたちを育てたいと言っておきながら、教職員に元気がない状態で本当にいいのでしょうか？

第2章の内容を再確認しましょう。忙しすぎるままでは、よいことはありません。自己研鑽や組織的な学習がどんどん細り、授業等の幅も深さもなくなっていく。学ばない教員と学ばない学校が増えてし

まう。望んで教師になったのに、早期退職する人も出てくる。その献身性と責任感ゆえに倒れ、過労死、過労自殺する人があとを絶たない。〝先生になりたい〟、〝あの先生のようになりたい〟と思う子どもや若者がどんどん減ってしまう。

「子どもたちのために」という思いが多忙を加速させていますが、子どもたちのためにも、教職員のためにも、日本の学校をもっと「持続可能」にしていく必要がある、そう強く思います。

学校の長時間過密労働の問題が、10年以上たいして改善されなかった（むしろ悪化している）のは、それなりの理由があるからです。いくつかの鍵となる背景は第3章で解説しました。とりわけ、少子化の影響で児童生徒数は、教員数の減少幅以上に大きく減っているにもかかわらず、多忙化しているという事実は重要です。学校が改善してこなかった背景、真因（真の要因）をしっかり見て、どこにスイッチ（あるいはメス）を入れていくべきかを考え抜き、実行する必要があります。

あきらめるのはまだ早い、とわたしは伝えたい。できること、改善することを進めていく。学校現場の創意工夫と努力だけに期待するのはいけませんが、あなたが身近に、半径３ｍ内からできることも多いのです。その具体的なヒントをこの章では解説します。一部、国や教育委員会の施策に関係の深いことも紹介しますが、本書では学校の取り組みを中心に扱います。

セブン‐イレブン・ジャパンを創業し、数々のヒットを生んだ鈴木敏文さんの言葉を紹介します*59。コンビニでのおにぎり、おでん、ＡＴＭ。実は、これらすべては当初、売れっこない、ペイしないなどと周囲に猛反対されたのです。

人間は**過去の延長線上で考えてしまいがち**です。それは、これまでの延長線上で考えたほうが、楽だからです。……「できない理由」をあげる前にもう一度問い直してほしいのは、いま、**「できない理由」と考えていることは本当に「できない理由」なのか**ということです。

◎そもそも法律上は残業ナシが原則

「教師には残業という概念がない」とよく言われます。全員一律に、給料に４％を乗じた教職調整額というものが支給されているからです。つまり、いくら働いても給与は増えません。そもそも、この４％の根拠は１９６６（昭和41）年に行われた「教職員の勤務状況調査」から判明した時間外勤務の長さ（月約８時間）というのを基にしていますので、今の実態からは大きく乖離しています。

こうした背景があるとはいえ、学校では管理職による教職員の勤務実態の把握は、甚だ心もとないのが現状です。

本来、公立学校の教員に時間外勤務を命じることができる場合は、「公立の義務教育諸学校等の教育職員を正規の勤務時間を超えて勤務させる場合等の基準を定める政令」（長い名称ですね）というのがあり、生徒の実習や学校行事、職員会議、非常災害などに必要な業務（いわゆる超勤４項目）に従事する場合であって、臨時または緊急のやむを得ない必要があるときに限るものとされています。

つまり、法制度上は、**教員は残業ナシが原則中の原則**です。しかし、これは形骸化しており、超勤４項目に該当しない仕事で過労死ラインをはるかに超えてまで働いている人が実に多いことは、第１章で見たとおりです。

■図表4－1　管理職による勤務時間管理、健康管理の状況

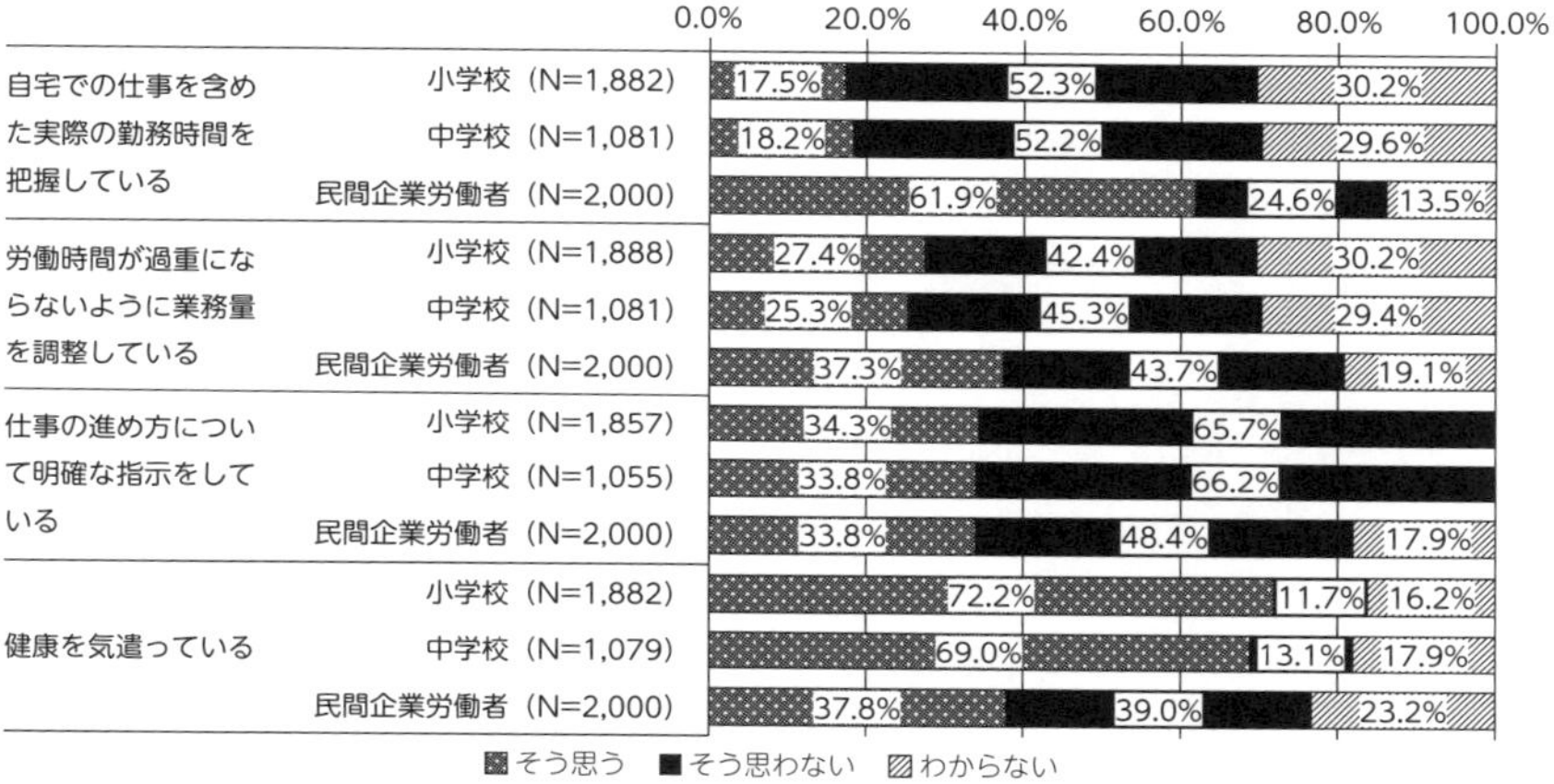

出所）連合総研「教職員の働き方と労働時間の実態に関する調査」（2016）

そもそも、こうした法制度があることを知らない教員も少なくありません。勤務校に赴任して、みんな残業して当たり前の職場であり、政令上「原則として時間外勤務」を命じないとされていることなど、まったく感じられないのだと思います。

◎校長は人がいいだけではダメ、労務管理の現場責任者

さらにやっかいなのは、**管理職のなかに教職員の労務管理を行うという意識が低い人がかなりいる**ことです。図表4－1は、小・中学校教諭（第1章で述べた連合総研の調査）と民間企業労働者との間で、管理職の状況について従業員がどう感じているか、比較したものです。民間企業労働者のデータは、「第31回勤労者の仕事とくらしについてのアンケート調査」（首都圏と関西圏に居住する民間企業に雇用されている人へのネットアンケート、2016年4月実施）をもとにしています。

「管理職は実際の勤務時間を把握している」、「管理職は労働時間が過重にならないように調整している」について

■図表4－2　小・中学校における教員の出退勤管理の方法

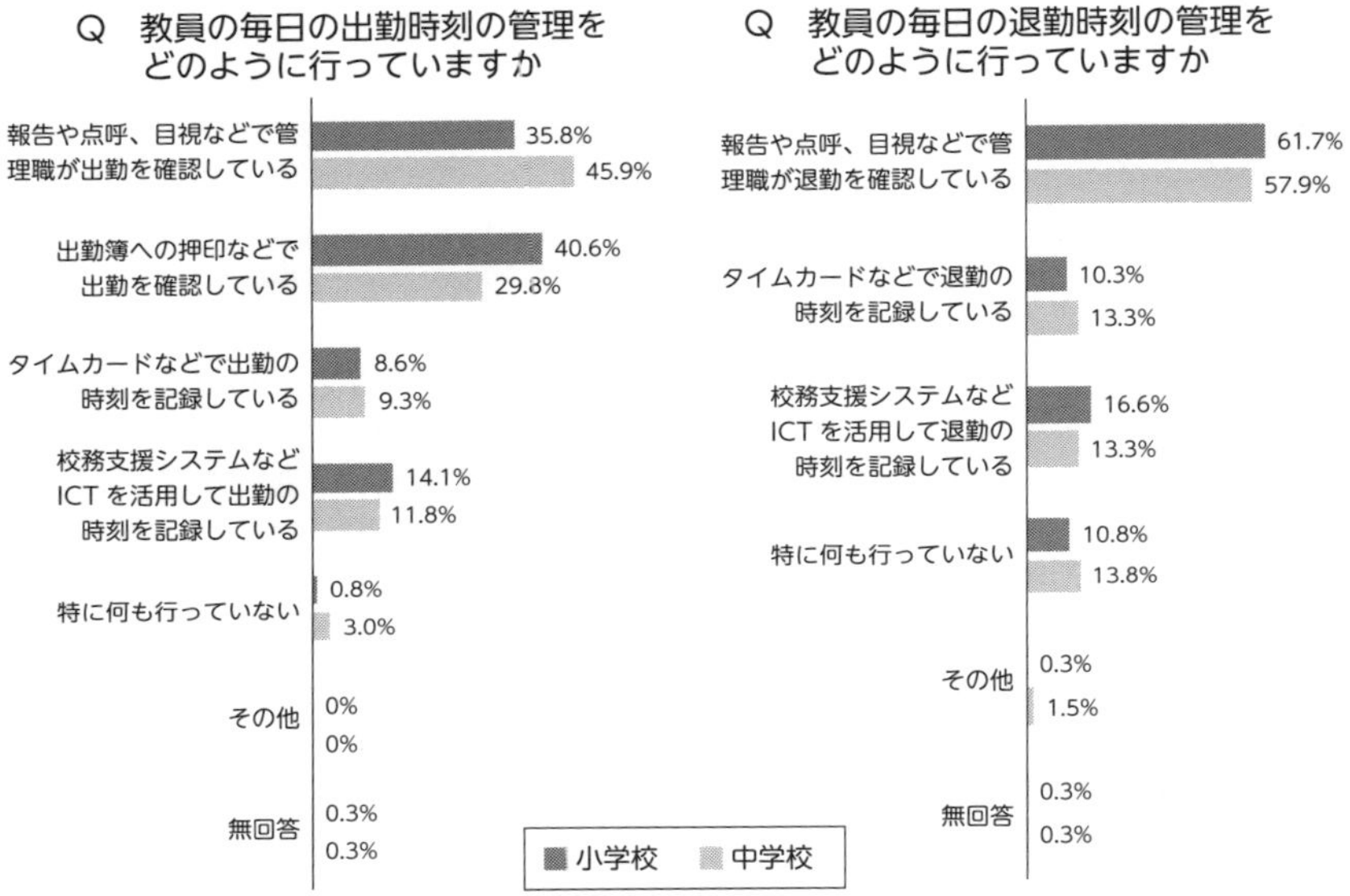

出所）教員勤務実態調査（2016年度）、学校における働き方改革特別部会資料（2017年7月11日）

は、企業よりも小・中学校のほうが肯定的な回答が少ない傾向にあります。「管理職は健康を気遣っている」は、企業よりも小・中学校のほうが倍近く多いのはよいことですが、**人がいいだけでマネジメントしようとしていないのだとすれば、それはよい管理職とは言えません。**

◎まずは勤務実態の見える化、把握から

「教員勤務実態調査」（2016年度実施）によると、教員の毎日の出退勤管理をどのように行っているかという質問に対して、小・中学校ともに、「報告や点呼、目視などで管理職が確認している」が多く（退勤については約6割）**「タイムカードなどで出勤（または退勤）の時刻を管理している」は約1割に過ぎません（図表4－2）**。

笑い話のようですが、「報告や点呼、目視」と言っても、管理職がいない（早く帰った）と

きはどうしているのでしょうか？　あるいは、この〝目視〟を続けるためだけに副校長・教頭は一番遅くまで残らないといけないなどとなっている学校もあるとすれば、それこそ、コスト意識が低い、と言わざるを得ません。時間も人のエネルギーも希少資源であるという意識をもってほしいです。

退勤については、「特に何も行っていない」も約1割ありますので、「報告や点呼、目視」と合わせると、小・中学校の約7割が実質的に退勤時間をきちんと把握できていない、というのが実情です。

ちなみに、ある大きな市（それも複数例）では、ＩＣカードを導入したものの、退勤時間は記録できない仕様になっているそうです。つまり退勤時刻については、市教委としては無関心、と言わんばかりです。

【具体策１－１】タイムカード・ＩＣカード等の客観的な記録を基礎に実態把握を

本気の学校改善の**第一は、労働実態を把握すること**です。当たり前の話ですが、確かな現状認識なしには、業務調整や仕事の見直しなどの有効な対策はとれませんし、対策を実行しようという動機付けもできません。

教育委員会（学校の設置者）の責任として、タイムカード、ＩＣカード等の客観的な記録を基礎として確認することが必要です。予算措置が伴わない問等は、自己申告によるとしても、ＰＣログなどと突き合わせて確認するようにしてください。自己申告だけに頼ると、過少申告などの問題が起こりますから（第1章参照）。

京田辺市の事例が参考になります（**図表４－３**）。パソコンのログオフ時刻をもとに、翌日には管理

■図表4－3　京田辺市の出退勤記録（デモデータ）

学校一覧へ戻る　京田辺市教育委員会　システム　管理者　管理コード:1（マスタ管理権限者）

勤怠（教員PCログオフ時刻）　前月2016年3月次月

PCNAME	名前	1	2	3	4	5	6	7	8	9	10	11	12	13	14	15	16	17	18	19	20	21	22	23	24	25	26	27	28	29	30	31	超過勤務
		16:14		16:14	17:12			16:14	16:14		16:23	16:17			16:13	16:15		16:14	16:13				16:14		13:3								0
		17:59	18:57	19:18	19:12		11:5	20:5	11:19	18:49	19:12	13:8		16:50	17:29	18:22	19:11	22:14	21:48	15:19	14:52		20:19	19:30	19:4				17:57	18:55	14:49	18:40	43時間9分
		16:8	20:17	19:7	19:15	14:9	15:24	18:55	20:19	19:8	18:59	15:19	16:51	17:2	18:39	19:15	21:54	22:37	22:30	12:11	16:11	14:6	20:48	20:22	21:49	18:17	21:40	21:39	20:10	19:35	16:21	22:11	72時間45分
		18:52	18:10	18:47	17:51			20:47	19:39	20:11	19:52	17:10			17:54	18:4	18:43	18:23	19:27				19:57	17:46	17:58	17:49	10:42			16:7	15:43	17:42	31時間52分
		21:35	18:35	18:42	15:51			20:7	18:52	21:43	21:14	18:56			19:11	20:58	20:0	19:16	19:42				20:31	19:30	19:36	18:6			18:11	19:5	15:41	17:6	50時間50分
		21:53	22:24	22:1	19:46			12:25	12:30	22:31	19:19	17:32			20:34	13:29	22:4	18:30	17:44		16:3		18:15	12:43	15:35		18:23		18:40	18:4	16:10	22:13	47時間53分
		21:53	22:30	19:22	17:42			21:26	21:58	22:18	10:56	17:38		18:20	20:44	19:1	22:17	22:39	17:40	21:22		19:43	22:26	22:56	21:57	22:17	15:30	22:47	18:42	20:49	15:28	22:48	93時間15分
		14:2	17:23	17:36	17:36			17:33	17:43	17:46	10:55	17:21			18:11	17:0	17:41	17:55	17:36				18:20	18:18	17:30	17:39			18:17	18:16	15:6		13時間41分
		14:9	18:17	19:7	19:8		16:28	19:16	19:32	19:55	18:42	16:39			17:24	19:31	18:41	17:59	22:28			12:44	19:9	18:8	20:48	19:7			18:48	17:8	12:59		37時間0分
				19:34	19:37			20:19	19:45	19:43	19:29	[illegible]			17:24	14:20	21:36	22:13	22:32					19:27	21:59	21:17		12:58		19:34		20:13	51時間29分
		19:17	20:10	21:1	19:3	16:23		19:32	20:34	22:5	20:36	21:26			16:29	17:50	19:37	18:26	15:32	20:43	16:50		17:32	16:34		12:22	16:26	8:0	17:50	17:18	13:6		41時間0分
		17:10	16:59							19:18	19:38	19:11			16:17	17:15	17:56	16:22	18:12				18:8	18:27	16:2				17:48	16:2	15:27	16:54	12時間53分
		17:43	18:30	16:52	15:11			19:45	21:22	21:7	17:45	[illegible]			15:34	17:39	17:31	17:41	15:55		16:39		19:0	19:37	18:55	17:14	11:9		16:52	17:18	13:13		22時間53分
		19:30	18:16	22:41	19:5	13:47		22:27	22:30	22:12	18:48	17:29	15:42	14:15	17:18	20:38	18:43	18:10		13:33	16:5	12:52	19:9	18:7		15:24	13:2			14:9			40時間3分
		21:21	18:5	19:42	22:5		19:19	22:38	21:55	22:46	20:32	[illegible]		19:19	20:47	22:49	18:23	19:27	19:11	21:21	18:56		23:13	22:49	21:12	18:22	17:47	23:49	18:8	23:21	17:13	12:34	95時間53分
		17:14		17:17	17:27	12:33	11:35	18:23	17:7	19:9	17:36	17:2			14:35	17:55	16:58	16:49	17:18				17:31	17:19	17:9	16:32			16:11	16:59	16:52	16:27	6時間55分
		18:32	18:47	19:21	19:0			19:2	20:49	21:14	20:45	20:34			16:18	16:50	19:27	17:37	15:49					16:37	18:11	18:17			18:26	18:29	13:36	17:16	33時間47分
		18:47	20:24	20:10	18:38	16:31		21:19	19:43	20:24	20:7	17:12		14:7	17:49	18:31	19:51	18:52	19:45	16:24		17:0	20:12	16:44	16:55	17:56	17:14	15:26			15:9	16:19	37時間28分
		9:18				17:42				18:24		20:17				17:15	17:44		15:25				17:6	16:52	17:18				14:57	13:27		12:16	6時間40分
		19:22	18:8	19:7	19:10			22:15	21:47	20:33	19:42	17:9			20:14	19:46	19:3	18:20	19:12			14:27	19:42	16:47	21:52	16:36			19:12	17:2	14:21		45時間25分
		18:27	18:57	19:23	19:29			18:17	18:57	20:0	19:41	18:27			17:25	18:5	18:29	19:5	19:12				18:18	17:45	19:5	19:3							32時間5分
				19:42							18:42				16:2								15:27		12:57							16:6	4時間24分
		20:35	18:8	20:36	21:1	14:5		22:23	21:6	22:18	19:58	18:51	3:12	16:45	19:46	23:3	19:0	20:46	22:41	14:21	16:5		22:48	20:58	20:29	19:3		13:0	16:29	17:9	15:0	21:3	71時間33分
		18:24	18:49	19:42	19:35	13:22						17:16	16:47		16:39	18:7	19:1	18:34	17:47				17:58	17:45	18:53								17時間51分
			19:33	18:44						20:2	20:30	18:36			16:40		15:59	19:43						20:2	18:56	17:1						17:30	20時間36分
		17:45	18:11	19:19	12:44		12:41	18:45	20:49	20:23	20:40	22:36			17:39		15:10						18:6	17:38	17:14				18:0	15:41		17:24	26時間15分
		19:54	22:48	20:41	21:14			21:26	21:42	22:2	19:40	19:22			20:51	23:32	21:54	21:57	19:23	21:8	19:37		23:33	21:17	19:19	22:26			11:29		15:33	17:52	84時間38分
		19:30	21:7	22:1	21:59		18:58	22:30	22:36	20:38	20:44	17:54	16:48	16:13	19:55	22:1	19:10	19:13	19:12				19:44	19:40	21:52	17:8	13:45		17:0	15:17	14:52	15:9	62時間44分
		20:10	18:43	22:27	19:17	15:37	12:21	19:43	22:38	20:2	20:18	22:54		13:46	16:36	17:57	20:18	21:53	19:11			12:49	18:39	16:44	18:41	17:59		13:11		17:39	11:53	21:1	53時間30分
			14:9		8:40			15:35	18:32	15:31		12:33			13:38		8:42		8:41					8:39									1時間32分
		22:13	22:48	19:15	19:27	17:41		21:55	19:15	19:55		17:2		11:28	16:44	18:15	17:53	19:4	22:42				22:34	18:1	20:25	21:20			16:54	18:44	16:14	21:54	57時間21分
		18:30	15:31	18:8	17:39	13:46		15:32	17:51	19:31	17:47	16:1			14:6	17:49	14:48	17:49	20:0				14:54	12:49	18:58	8:58							14時間2分
		19:2	18:1	19:47	18:8	16:59	18:42	19:22	20:40	22:18	19:17	16:58	17:48	17:49	20:37		18:29	18:52	22:40	20:44	19:5		18:57	18:58	19:24	22:27	20:8	20:46	17:41	17:23	16:47	22:11	67時間16分

出所）文部科学省学校マネジメントフォーラム資料（2016年10月28日）

職のPC上に各教職員の退勤時刻が一覧で出てくるようになっています。深夜まで残業している人の欄は赤くなりますし、昨日はだれが大変だったのか、最近遅くまで残ることが多いのはだれなのかなどの情報がわかります。

なお、自宅残業の正確な把握は、どの方法をとっても、むずかしい問題です。タイムカードやPCログの時間よりも、実際は長時間働いている可能性が高いという見方で注意しておくことも必要です。

◎教員は、自分のためにも時間把握をしよう

多くの教員は、自分がトータルで今週、今月、何時間くらい働いているのか知りませんし、知ろうという意識にもなっていません。これは2つの意味で問題があります。

一つ目は、仮に病気や、最悪、過労死等となった場合、公務災害として認められるかどうかという点で、労働時間の記録がないと、不利になります。裁判になって、何年も闘って勝てるかどうかという事案も多いのが現実です。

ある教師の自殺をめぐる公務災害を争う裁判は10年近く

続いていますが、担当した弁護士はこう語っています[*60]。「自宅での仕事もかなりあったはずで、私たちは少なくとも100時間以上の時間外労働があったと考えていますが、客観的な証拠が乏しかった。長時間労働が認められれば、早く決着がついたと思いますが、トラブルなどの負荷の部分で争わざるを得ませんでした」。

つまり、あなたを、一生懸命な教師を守るためにも、正確な記録・管理は重要です。

二つ目の問題は、時間管理が曖昧であると、ともすれば、非効率な仕事の進め方になります。この文書作成は1時間あれば終えられそうとか、この目的と議題の会議であれば30分で十分など、ある程度、時間の見積もりができないと、なかなか効率化は進みません（自戒を込めて。わたしも原稿作成はいつまでもできてしまうので、注意が必要ですね）。わたしはパソコンにストップウォッチ機能をもたせて、ひとつの作業ごとの時間を測り、本当にここまでかけるべきだったのか反省したことがあります。

公立小学校教諭として22年間勤め、埼玉県優秀教員表彰も受けたことがある岩瀬直樹さん（東京学芸大学准教授）は、育児をきっかけに時間を決めて仕事をするように転換したそうです[*61]。ほぼ毎週出す学級通信はフォーマットを決めておき、30分以内でつくる、振り返りジャーナルという子どもたちが毎日書く振り返り日誌へのコメントは、40人分で20分（1人30秒）を目安にする（2～3か所に線を引いて、〝OK！〟〝いいね！〟〝そっか－〟など短いコメントを書く）などです。

【具体策1－2】実態把握と教職員へのケアは、管理職任せにせず、養護教諭や事務職員らの情報と力を

労働実態の把握については、教育委員会ならびに学校の管理職の役割が大きいことは前述したとおりです。しかしながら、現実には、そこだけに頼るのも心もとない状況です。2点注意してほしいと思います。

一つ目は、副校長・教頭はすでに非常に多忙な人が多いので、彼らに労務管理や業務調整の役割を過度に期待するのは考えものです。副校長・教頭職の本来業務は、教職員間の業務調整や役割分担の見直し、人材育成などですが、現実問題としてほかの雑多な業務を多く抱えているのも確かです。

皮肉なことですが、業務改善や学校改善のリーダーとなるべき副校長・教頭の仕事をまずは仕分けして、改善していく必要があります。副校長・教頭がやらなくても、校長、教務主任、学年主任、あるいは事務職員が担えることではないか、さらには大阪市など一部で導入しているように、教頭を補佐するアシスタントを配置して、事務的な作業等を任せるべきではないかなどの検討は必要です。たとえば、こじれつつある保護者への対応、あるいは保護者側にもなんらかの背景（障がいや家庭での問題など）があり、長くなりがちな保護者からの相談・苦情では、校長が前面に立つほうがよいケースも多いことでしょう。

地域・学校によっては、主幹教諭という職が置かれています。主幹教諭は、教頭より下、主任より上の職で、制度導入の理念としては副校長・教頭の補佐・分担を行うことにありますが、現実はその理念のとおり機能しているとは限りません。人事の規定上、その学校に長い年数とどまることができるので主幹教諭になったと言う人までいます。主幹教諭のミッションと役割はどこにあるのか、教育委員会や校長等は本人にしっかりと伝えていくことが必要です。

二つ目として、養護教諭や学校事務職員などの情報と力を活かすということです。**校長や副校長・教頭がいくら優秀で熱心だとしても、彼らの情報源と時間だけでは限界**があります。校長は評価を握っているので、弱みを見せづらいし、相談しにくいという教職員もいるからです。管理職には言えないような愚痴やちょっとしたアイデアも、養護教諭や事務職員には話せるというケースは多々ありますし、つらい思いをしている教職員には、養護教諭や事務職員のほうが繊細に声かけしたり、相談に乗れたりすることも多いと思います。

ただし、養護教諭や事務職員の多忙も問題ですから、彼らにも支援やケアが必要な場面もあることは申し添えます。たとえば、数百人の生徒の健康に関するデータ（個人情報が満載）を養護教諭はたった一人で入力・処理等しなければならないことなどもあります。本来は、健診に関連するもの等は、地方公共団体の保健所や提携した医療機関が担うようにしていくべきだと思います。

また、管理職、各校務分掌主任、各学年主任という3者の連携・連絡体制は、多忙の問題に限らず、学校運営では必要不可欠です。しかし、長時間労働の問題については、この超忙しい3者の連携だけに期待するのではなく、まずは、**管理職、養護教諭、事務職員らのスタッフ部門の連絡を密にしておくこと**が肝要です。ちなみに、中学校ではこうしたスタッフ部門は学年をもたないので、〝4学年の先生〟と言うそうですね。

統計データで確認できているわけではありませんが、わたしがこれまで数多くの学校を訪問した経験では、活性化している学校と、そうではないところのちがいとして、一人職同士の関係（一人職とは校長、副校長・教頭、教務主任、養護教諭、事務職員など、大規模校を除き通常一人しか置かれない職）、だれが、どのくらい遅くまで働いているかわからない。自分の働いた時間も把握していない。

【基本方針 1】
現実を見よ。労働実態の把握と、本当にこのままでいいのかという対話を
○働きすぎの実態を把握したうえで、今のままの生活、生き方でいいのか、自分自身に問いかける、振り返る場をもとう。

【具体策 1－1】 教育委員会（学校の設置者）の責任として、タイムカード、IC カード等の客観的な記録を基礎として確認する。予算措置が伴わない間等は、自己申告によるとしても、PC ログなどと突き合わせて確認する。

【具体策 1－2】 実態把握と教職員へのケアは、管理職任せにせず、養護教諭や事務職員らのもつ情報と力を活用する。

【具体策 1－3】 このまま長時間労働を続けることは何が問題か、かえって子ども（児童生徒）たちのためにも、自分のためにもなっていないのではないか、という振り返る場をもつ。まずは個々人で。次に、学校という職場単位で対話する場をつくる。問題意識の共有と長時間労働是正に向けた動機付けが重要。

〝4学年〟のチーム力がよいかどうかは、分岐点のひとつです。〝チーム学校〟と言われますが、まず〝チーム〟にならなければならないのは、この人たちです。

【具体策1－3】長時間労働の弊害について、教職員は気づき、振り返る場を

実態把握をしたあとに必要なのは、「このまま長時間労働を続けることは何が問題か」、「かえって子ども（児童生徒）たちのためにも、自分のためにもなっていないのではないか」という対話です。第2章で解説したことを参考にしてください。まずは、先生個人個人で振り返る時間を、少しでもよいのでもってください。たとえば、金曜日に朝読書があるなら、その時間を読書に使う代わりに、その週の自分の働き方がどうだったかを見つめなおす時間としてもよいと思います。自分の人生、生き方に関するものですから、まずは自分の気持ちを確認します。次に、学校という職場単位で対話する場をつくりましょう。

学校にはそんな暇はない、と言われそうですが、職員会

議や校内研修のときに10分程度でも構いません。

この基本方針1「現実を見よ」は、当の教職員のなかで問題意識の共有と長時間労働是正に向けた動機付けを行っていくために、避けては通れないステップです。

【基本方針2】子どものためとばかり言うな――重点課題とビジョンをもとに、仕事をやめる、減らす、統合する

◎6つの〝神話〟を疑ってかかろう

第3章では、長時間労働が加速した6つの背景について見ました。

これらはいずれも難題ではありますが、〝神話〟である、とわたしは述べました。つまり、教職員の間ではごく当たり前のことと認識され続けてきた物語、文化なわけです。確かに、子どものためにと思って教員が頑張ることなどは、日本の教育の質を支えてきたよい側面もあります。しかし、過労死ラインを超えるほどの長時間過密労働がこれほど蔓延しているのです。あなたの周りにも、倒れないか心配だ、よい授業をするための準備や自己研鑽が足りないという人は多いでしょう。

神話、文化は、ときには塗り替えることも必要です。

図表４－４は、６つの神話への疑問をいくつかあげています。これ以外もあるでしょうから、読者のみなさんも、関西人の言うところのツッコミを入れる気持ちで考えてみてください。

■図表4－4　多忙化の6つの"神話"への疑問

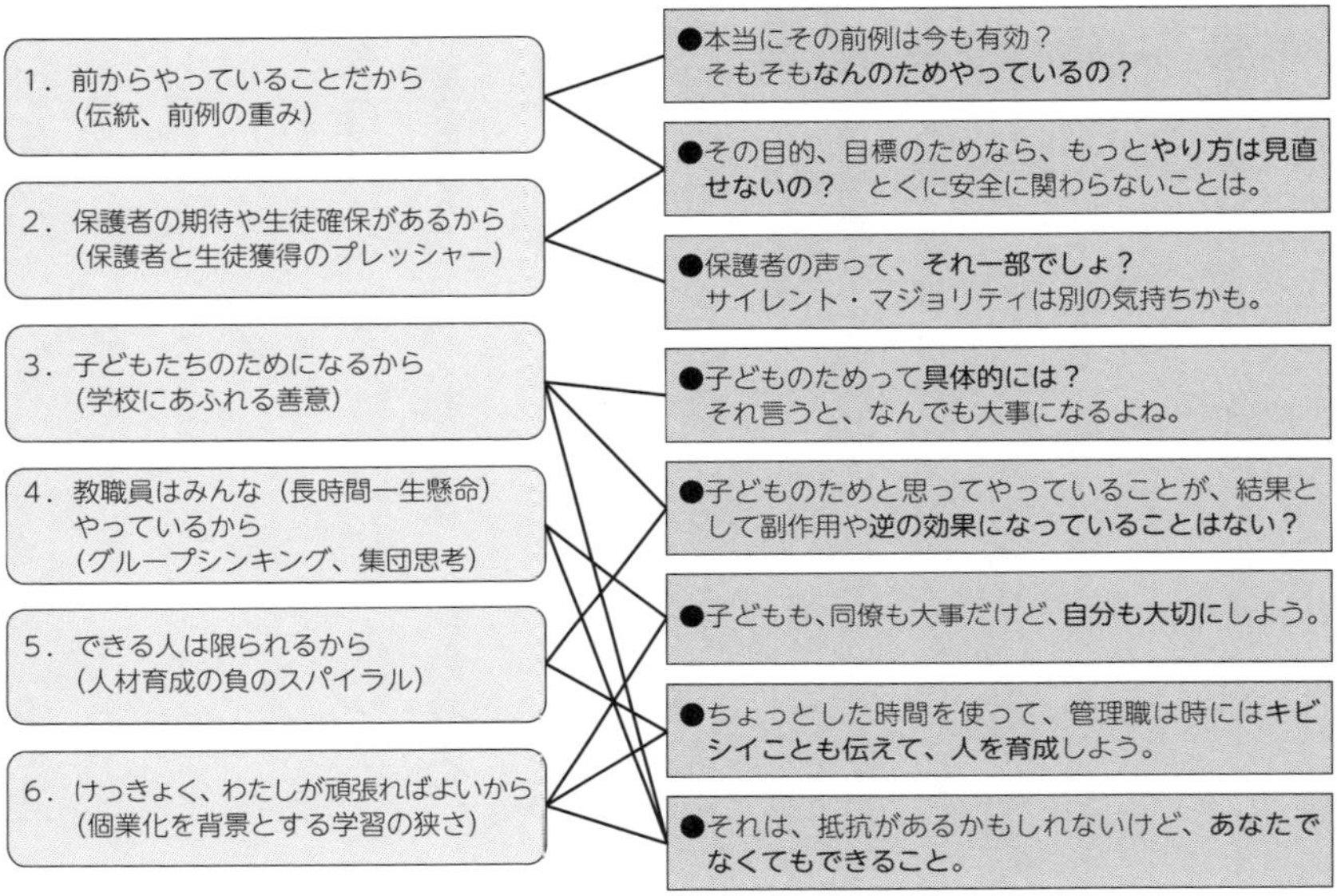
1．前からやっていることだから
（伝統、前例の重み）
2．保護者の期待や生徒確保があるから
（保護者と生徒獲得のプレッシャー）
3．子どもたちのためになるから
（学校にあふれる善意）
4．教職員はみんな（長時間一生懸命）
やっているから
（グループシンキング、集団思考）
5．できる人は限られるから
（人材育成の負のスパイラル）
6．けっきょく、わたしが頑張ればよいから
（個業化を背景とする学習の狭さ）
●本当にその前例は今も有効？
そもそもなんのためやっているの？
●その目的、目標のためなら、もっとやり方は見直せないの？　とくに安全に関わらないことは。
●保護者の声って、それ一部でしょ？
サイレント・マジョリティは別の気持ちかも。
●子どものためって具体的には？
それ言うと、なんでも大事になるよね。
●子どものためと思ってやっていることが、結果として副作用や逆の効果になっていることはない？
●子どもも、同僚も大事だけど、自分も大切にしよう。
●ちょっとした時間を使って、管理職は時にはキビシイことも伝えて、人を育成しよう。
●それは、抵抗があるかもしれないけど、あなたでなくてもできること。

以下では、この疑問を出発点にして、本気の学校改善・業務改善について提案します。まずは、6つの背景のなかでも最も広く、強く影響している「子どもたちのためになるから（学校にあふれる善意）」から見つめなおしましょう。

◎"子どものため"とばかり言うな！

「子どものため」という思いでは、教職員のやるべきことは増えていく一方です。しかも、「子どものため」と思いたくなる背景はたくさんあります（第3章）。

では、どうしたらよいのでしょうか？

「子どものため」という段階で思考停止せずに、「具体的には子どものどんなこと（どんな資質・能力を高めること）につながるのか？」、あるいは「子どものためと思ってやっていることが、結果として**副作用や逆の効果になっていることはないか？**」という疑問を投げかけることです。教職

■図表４－５　施策の重点化が進む場合と進まない場合

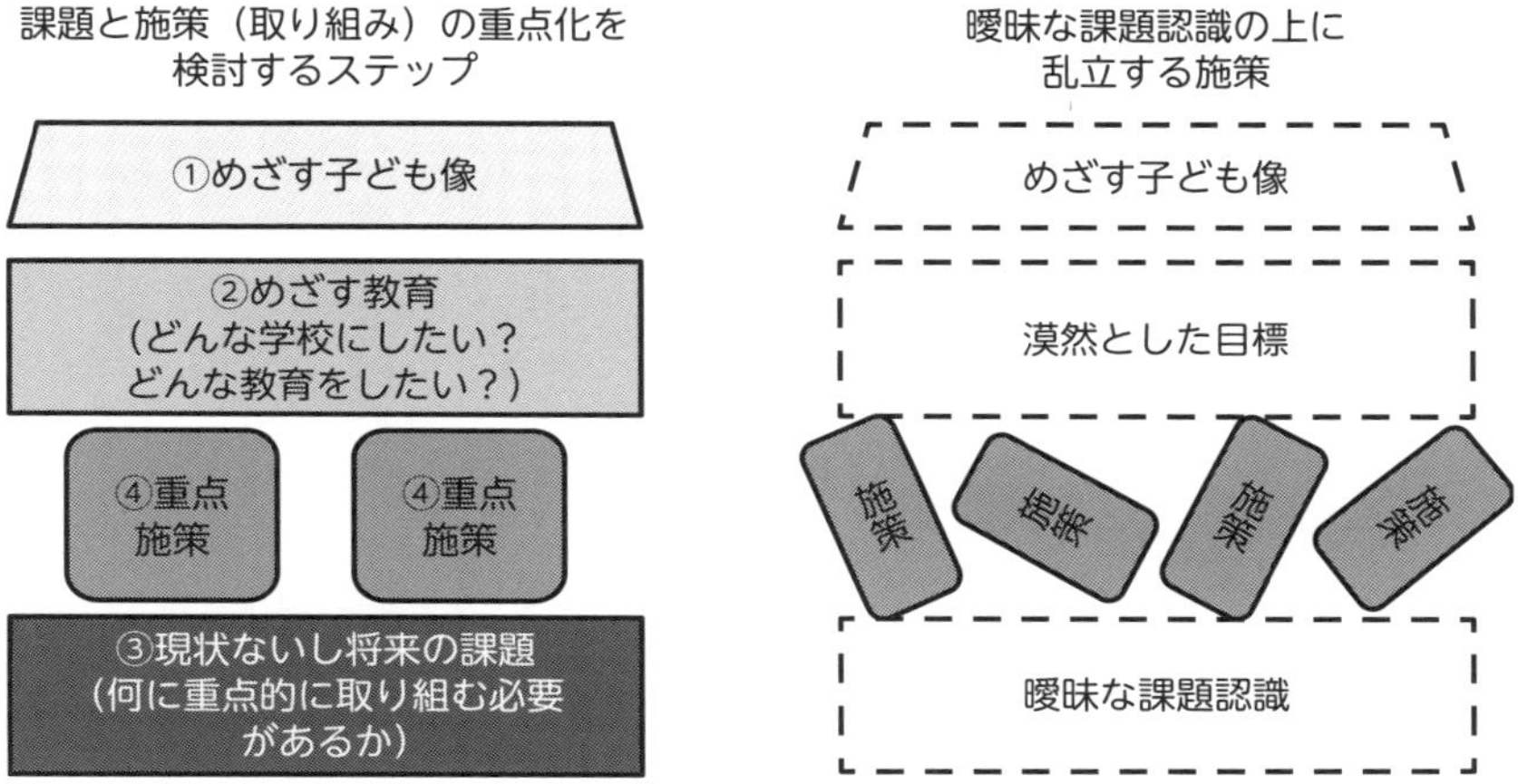

員の目からも、また自分たちでは気づきにくいことは保護者や支援者の目からも、こうした問題意識を高めることが大事です。

【具体策２－１】目標の重点化の前に課題の重点化を。重要課題トップ3について教職員等の知恵を出す

もう少し詳しく述べましょう。**図表４－５**をご覧ください。

「子どものため」を具体化するとは、学校の課題を重点化し、それに応じた施策（取り組み方策）で重要なものを定めることです。通常、次の４ステップを踏む必要があります（より詳しくは拙著『変わる学校、変わらない学校』〈学事出版〉も参照してください）。

①めざす子ども像を設定します。どんな子ども、そして将来の大人に育ってほしいのかという点についてです。

②その子ども像を実現するために、どのような学校にしたいのか、どのような教育をしたいのかというめざす教育についてのビジョンを設定します。

③現状ないし将来の課題を特定します。
④右記の重点的な課題に対応する重点的な取り組み、施策を定めます。

多くの学校の現状はどうでしょうか。①、②**の目標が漠然としている（または目標とは呼べない）ことに加えて、③の課題認識も曖昧なケースが多いため、施策は多方面に分散**します。言い換えると、いろいろなことが「子どもの健やかな成長」とか「児童生徒の知・徳・体の力を育む」というとても大きな理念に包含されてしまい、すべて重要ということになってしまいます。

たとえば弓道を思い描いてください。どの的にどのくらい的中させたいのかという目標が漠然としていて、かつ、自分の立ち位置も揺らいでいる、そんななかでまともな矢が射られるわけがありませんし、多く射ろうとしても疲れるだけです。

目標、ビジョンを具体化し、教職員のベクトルを合わせていくためには、まずは課題を焦点化、重点化して共有していく必要があるのです。

たとえば、「本校の重要な課題を上から3つ言ってください」と教職員に聞いたら、どうでしょうか？　おそらく、校長、副校長・教頭、教務主任、学年主任、若手教諭などでそれぞれビミョウに違ったことを答える学校が多いのではないでしょうか？　実際わたしは、そういうインタビューをいくつかの学校で実施したことがあります。

課題の重点化のためには、教職員の知恵を活かすことが大切です。数は3つでなくてもいいですが、こういう問いかけに対する教職員の間の対話とディスカッションから始めるべきだと思います。

■図表４－６　業務改善の２タイプと学校の課題・ビジョンとの関係

小　　一般的な改善効果　　大

狭い意味での業務改善	広い意味での業務改善
今ある仕事の仕方を見直す ＝方法改善 （例） ●部活動の休養日の設定 ●会議や行事の進め方の改善 ●校務支援システムによる情報共有と手続きの効率化	今ある仕事をやめる、減らす、統合する ＝仕分けと精選 （例） ●部活数の縮小 ●会議や行事の精選（整理・統合・廃止） ●教師業務アシスタントの活用

↑
学校の重点課題とビジョンをもとに判断

◎狭い業務改善だけでは解決しない、課題とビジョンの重点化こそ王道

本書の中心的なテーマは、「先生が忙しすぎる」をどうするか、です。文部科学省は〝業務改善〟ということを推奨しています（ちなみにわたしは、国から〝学校業務改善アドバイザー〟という役割をもらっており、学校や教育委員会に助言や支援をしています）。しかし、狭い意味での業務改善、つまり教職員の仕事の仕方を見直す、効率化を図るという方法改善だけでは、これほどの長時間過密労働はとうてい解決しそうにありません。それほど簡単な問題ではないからです。

広い意味での業務改善、つまり、**方法改善にとどまらず、必要性の低いものはやめたり、減らしたりすること、あるいは関連するものは統合すること（仕分けと精選）が必要**です（図表４－６）。たとえば、部活動で休養日を設けるといった改善にとどめ

ず、部活数の縮小を図ること、会議や行事の進め方やプログラムを工夫するだけでなく、必要性の薄い会議や行事をやめること（または別のものと整理・統合すること）です。

とはいえ、アタマではこういうことはわかっても、学校では、会議の精選など一部を除き、なかなか仕分けと精選を実行できません。なぜでしょうか？

それは、仕事や業務の必要性や優先順位を判断する基準をもちにくいからです。〝子どものため〟になるとか、〝教育効果がある〟という視点では、基準となり得ません。みんな大事なこととなってしまいますから。そこで重要となるのが、先に述べた課題とビジョンを重点化するということなのです。

たとえば、あなたの中学校あるいは高校が、いわゆる生徒指導困難校で授業がなかなか成り立たない学校だとします。おそらく、この学校の重点課題は「生徒指導をしっかりする」ではありません。それだと曖昧過ぎて広く、重点になっていません。また、効果的な施策も「頭髪指導等を徹底する」ではありません。

「授業についていけない子が多い」をどうするか、がより重要な課題ではないでしょうか？「1日の大半の時間である授業がほとんど理解できない⇓フラストレーションがたまる⇓荒れの行動」という関係が読み取れる可能性が高いと思います（この仮説が間違っているとわかったときは、別の課題を重点とします）。

この学校の場合、頭髪指導等のために教員が早朝校門に立ったり、行事にあれこれと力を入れたりするよりは、補習（学びなおし）をＮＰＯや地域と組んで行っていくことが優先度の高い施策です。このように、課題あるいはビジョンが明確に定められると、やるべきことの必要性や優先度を考えやすくなりますし、逆に優先度の低いもの、つまり**劣後順位を考えやすくなります**。

別の例を紹介します。ある中学校では移行期間をつくったうえで、２年生の校外学習（鎌倉旅行）をやめることにしました。それまで教員は、12月の成績処理等で大変忙しいなか、入念な下見などあれこれ準備をしていたそうです。３年生になれば修学旅行もあるのだし、２年生でそこに時間と労力をかけるよりは、本校の重点である自立した子どもを育てるためのキャリア教育のほうに力を入れようと、校長は教職員にも保護者にも、呼びかけました。

【具体策２－２】業務や行事を棚卸ししたうえで、「時間対効果は高いか」、「より優先度の高い課題やビジョンに対応したものか」の視点から、優先順位と劣後順位を検討

学校の仕事や行事を仕分けして精選していく。その際には第３章の最後で紹介したワークも役立ちます。２つの観点で整理しました。一つ目は、多忙化への影響が大きいか、小さいか。多くの時間を取られているようなものほど、重要性は高いと言えます。二つ目は、実現可能性（見直せる余地があるのかどうか）です。

この２つの視点以外でも構いません。たとえば、学校の課題・ビジョンに関係性が高いかどうかという軸があってもよいでしょう。小中一貫（あるいは学校間連携）や事務の共同実施を行っている場合は、単独の学校でやれることか、それとも複数の学校で行ったほうが効果的かという視点を加えてもよいでしょう。

とはいえ、あまり視点が多いと、人のアタマで理解するには複雑になるので、あなたの学校にとって重要性が高いと思う2つ、3つの視点で仕分けてみましょう（**図表4－7**）。

■図表4－7　問題の仕分けの例

本当にむずかしいか（右に移せないか）は要検討だが、むずかしいものは優先度低い。影響大のものは教育委員会へ要望・提案

優先度高く実施

	解消するのは相当むずかしい	見直せる余地が少しはある	見直せる余地が大いにある
多忙化への影響　大	●成績処理の方法が煩雑で時間をとる	●部活動の時間が長い	●分掌業務の引継ぎが少なく、不慣れななか実施している
中		●提出物へのコメントなどが丁寧過ぎる	●会議が非効率で長い
小	●○○の件での保護者対応		●学年便りの作成や学校 HP の更新

優先度高く実施

	学校の課題・ビジョンと関係性高い	中	低い
多忙化への影響　大			●部活動の時間が長い ●成績処理の方法が煩雑で時間をとる
中	●キャリア教育の協力者との調整が手間	●会議が非効率で長い	● 12 月の校外学習は準備が大変なわりには効果が薄い
小		●学年便りの作成や学校 HP の更新	

忙しい、忙しいとばかり言う前に、このように**業務や行事を一度洗い出して可視化する（〝見える化〟する）**ことが大切です。そして、一定の視点をもって優先度を検討します。こうしたワークショップを校内や複数学校が集まった場で、やってみてはいかがでしょうか？

静岡県や埼玉県の一部の小・中学校では、㈱ワーク・ライフバランスの協力のもと、カエル会議というものを行っています。これは、長時間労働是正に向けて目標・ゴールを共有するとと

もに、改善に向けたアイデアを教職員がワークショップ型で話し合います。

わたしはこうしたアイデア出しに加えて、前述のように、いくつかの視点をもって優先順位と劣後順位を検討することが重要だと考えます。そうでないと、多忙化対策と言って、多方面に力を割き過ぎても、学校は疲れてしまいます。

◎教員にはない目線から見直す

教員自身はよかれと思ってやっていることも多いわけですから、養護教諭や事務職員、あるいはスクールカウンセラーなどの**一般の教諭とは少し違った視点や情報をもつ人から見て**「ちょっとやり過ぎているのではないか」とか、「かけた時間に見合う効果（＝**時間対効果**）は高いと言えるのか」といった疑問やモヤモヤを発信、共有していくことが大切です。

また、教職員以外の人、それは身近にはＰＴＡ役員などでもよいし、コミュニティ・スクールなどの委員であってもよいし、学校改善を支援するコンサルタントなどでもよいと思います。学校の文化に染まっていない人の目線を入れることも有効なときがあると思います。

とはいえ、学校改善・業務改善は、外部だけの視点や支援だけでも進みません。また、企業でうまくいっている方法が、必ずしも学校で通用するとも限りません。教職員が心から、今のままじゃいけない、改善したいと思える内発的動機付けが必須です。しかし、この気持ちを持続し、より効果のある改善につなげるためには、外部からの支援も有効なときがあります。内部と外部、両方をうまく使いましょう。

「多忙化しているのだから、業務の仕分けを話し合う時間はない」という反論が聞こえてきそうですね。しかし、ベネッセ教育総合研究所「第6回学習指導基本調査DATA BOOK」によると、校内研修を小学校では2010年も2016年も年間平均約20回、中学校では平均約10回実施しています。**授業研究に偏りがちな校内研修を1回、2回分もらって、こうした学校改善のワーク**にできないでしょうか？ あるいは、部活動の休養日をつくって、その日に一度、二度、今後の部活動を含む学校のさまざまな活動の在り方を話し合ったほうがよいと思います。

【具体策2－3】重点課題とビジョンに照らすと、部活動はやり過ぎではないか、再検討を

多忙化への影響が大きく、見直す余地が大きいもの、かつ学校の重点課題とビジョンに照らすと遠い（＝優先度が下がる）可能性が高いものと言えば、やはり教育課程外の活動である、部活動です。

スポーツ庁が実施した平成28年度全国体力・運動能力等調査によると、中学生の運動部の活動時間として、平日は男女とも61～120分が最も多く5割強であり、121～180分も約3割に上ります。土日は2、3時間というところが多いようですが、4時間以上という人も一定数います。

ベネッセが実施した「第2回放課後の生活時間調査」（2013年実施）によると、平均的な中学2年生の1日は、部活動に1時間12分、学校の宿題に32分、勉強（宿題以外）に45分、学習塾・予備校に35分、テレビ・DVDに45分、携帯・スマホ・パソコンなどに29分、ゲーム機で遊ぶに12分使っています。部活動は彼らの時間のうち重要な比重を占めることがわかります。ちなみに、家族と話す・すごすは10分に過ぎません。中学1年生や高校1、2年生もこれと似た傾向があります。

平成28年度全国体力・運動能力等調査では、学校の決まりとして部活動の休養日を設けているかとい

う質問をしています。これによると、週1日という中学校が54・2％で最も多く、週2日は14・1％、週3日は2・9％に過ぎません。設けていない学校も22・4％です。

第1章で紹介したように、ＴＡＬＩＳ２０１３の結果からも、週60時間以上75時間未満の過労死ラインを超えて働いている教員は授業準備に匹敵するくらいの時間を、週75時間以上というより過酷な労働環境の教員は授業準備より多くの時間を部活動等に割いています。

こうして、生徒の時間の使い方の視点と、教員の時間の使い方の視点という双方から見ると、部活動のなかには相当加熱しているところもあることは明らかです。

もちろん、時間の使い方はその人の価値観、人生観にかかわる点もあり、一概にこれがよい、悪いと言うことはできません。生徒獲得の観点からも、本校の特色としてこの部はなんとしても強くあり続けたいというものもあるでしょう。

しかし、**教育課程外の位置づけである部活動に、あなたの学校の教育は重きを置き過ぎていないだろうか、本当にこれほど多くの部で高い競技性や大会入賞をめざすべきだろうか（もっとサークル活動的なものでもいいのではないか）、部活動が家族と過ごしたり、他の多様なことを行ったりする子どもたちの時間を奪っていないだろうか**、という点を問い直していくべきです。

◎部活動は子どもの多様な経験の時間を与えるという意味では諸刃の剣

中教審の次期学習指導要領に関する答申の中では、「部活動は、異年齢との交流の中で、生徒同士や教員と生徒等の人間関係の構築を図ったり、生徒自身が活動を通して自己肯定感を高めたりする等、教育的意義が高いことも指摘されているが、そうした教育が、部活動の充実の中だけで図られるのではない」と述べています。

言い換えれば、仮に、自己肯定感を高め、自信をつけて卒業してほしいというのが、あなたの学校の重要な課題なりビジョンだとしたら、その実現に部活動が寄与する点はあるけれども、方法としては部活動以外の教育活動もある、という視点をもつ必要があります。そもそも部活動に入っていない生徒もいるのですから。

朝日新聞に寄せられた中学生の母親の投稿を紹介します（2017年4月17日付朝刊）。これは、熱心な部活動指導が諸刃の剣であることをよく示しています。

娘が中学校バスケットボール部に所属しています。丸1日の休みは無いことが多く、日曜はほとんど試合。多感で頭の柔軟な時期に、公立の学校がここまで生徒（先生も）を拘束すること、週7日、同じ人の指導を受け続けることは、**子どもが色々なことや人に出会う機会を奪うもの**であり、大変違和感を感じています。

2016年にベストセラーとなったアンジェラ・ダックワースの『やり抜く力　GRIT（グリット）』によると、大きな成功をおさめる人々に共通するものは「GRIT（やり抜く力）」だそうです。やり抜く力とは、情熱と粘り強さの2つの要素から測定可能なもので、知能指数（IQ）や性格の多くよりも、この力のほうが成功には影響するというのです。そして、アメリカでの研究によると、**やり抜く力は伸ばすことができること、そのひとつの方法が課外活動を続けることにある**ことが紹介されています。日本の文脈で言えば、部活動を熱心に続けられた生徒は、その後の将来も成功する確率が高まる、ということが示唆されます。おそらく、中・高で部活動に熱心な先生方のなかには、このことを長年の経験により実感している方も多いことでしょう。

ただしこの本には、教師が課外活動の世話をしなければいけない、とは一言も書いてありません。また、「どんな活動に打ち込んだかは問題ではない」と書いているところにも注目です。つまり、部活動であれ、趣味であれ、子どもが楽しく打ち込めるものを見つける手助けをすることが学校、あるいは家庭には必要ということです。

部活動の効果は理解しながらも、大事なことは部活動以外にもある、ということを認める必要があります。家庭学習や塾など以外の子どもの自由時間のうち、部活動はどのくらいの割合を占めているでしょうか？　部活動の時間が長くなると、生徒がほかのことに打ち込む時間や家庭生活の時間を奪ってしまうことにもなりかねません。

注意したいのは、部活動は、子どもが多様な経験を積む時間を奪ってしまう危険性をもつ（前述したとおり）一方で、**多くの子どもに平等に、勉強以外の貴重な機会を与えている効果も**あることです。部活動では、遠征費やユニフォーム代などを除き、学校教育のなかで行われているかぎり、指導料や楽器代などの家計負担はかかりません。中学校や高校から部活動をなくしてしまい、すべて地域のスポーツクラブや習い事などとしてしまったら、経済的に余裕のある子どもしかそうした体験ができなくなるかもしれません。この点が、教育課程外でありながらも、学校が部活動を手放しにくい、あるいは手放さないほうがよい理由のひとつです。

とはいえ

- 今のままの部活数が本当に必要か（もっと持続可能な運営になるように精選・縮小できないか）
- 活動時間や休養日の設定は適切か
- 部活動以外の活動、たとえば、地域との連携などを通じて子どもが多様な経験を積むようにすることも大事ではないか

といった検討は必要です。

なお、外部指導者や部活動指導員（※）の活用を進めている地域も増えてきていると思いますが、

- 外部指導者等が指導・引率するときには、完全に顧問の教員が手離れできるようになっているか（手離れできるときに安全管理などの責任の所在は明確か）
- 外部指導者等と顧問教諭の指導の考え方や方法の違いをうまく調整していけるか
- 外部指導者等だからといって安心ではなく、むしろそのほうが過酷な練習を課すなどの問題も報告されている

なども詰めていく必要があります。外部指導者や部活動指導員を導入したからといって、ただちに解決とはいかないのです。

（※）部活動指導員は、部活動の指導や大会への引率などを行う職員で、2017年4月から制度化されました。

【具体策2－4】提出物等の丁寧なチェックも少しラクにしてみる

第1章で見たように、先生たちは、宿題などの提出物、テストの採点、コメント書きなどにも毎日相

当時間がかかっています。連合総研の調査等によると、個人情報の問題はあるとはいえ、丸付けなどを自宅残業でこなしているという人もまだまだ少なくないようです。多くの教員が過労死ラインを超えて働いているのですから、本当にどこまで丁寧にやる必要があるのか、丸付けは子どもたちが自分でするという方法なども含めて、改善策を練っていきたいと思います。

写真は、前田康裕先生の小学校での実践です。国語の授業を終えるときに、児童ができるようになったことや次にがんばりたいことを書く、振り返りシート（自己評価カード）です。このシートについて、

■写真　前田康裕先生の振り返りシートの実践例

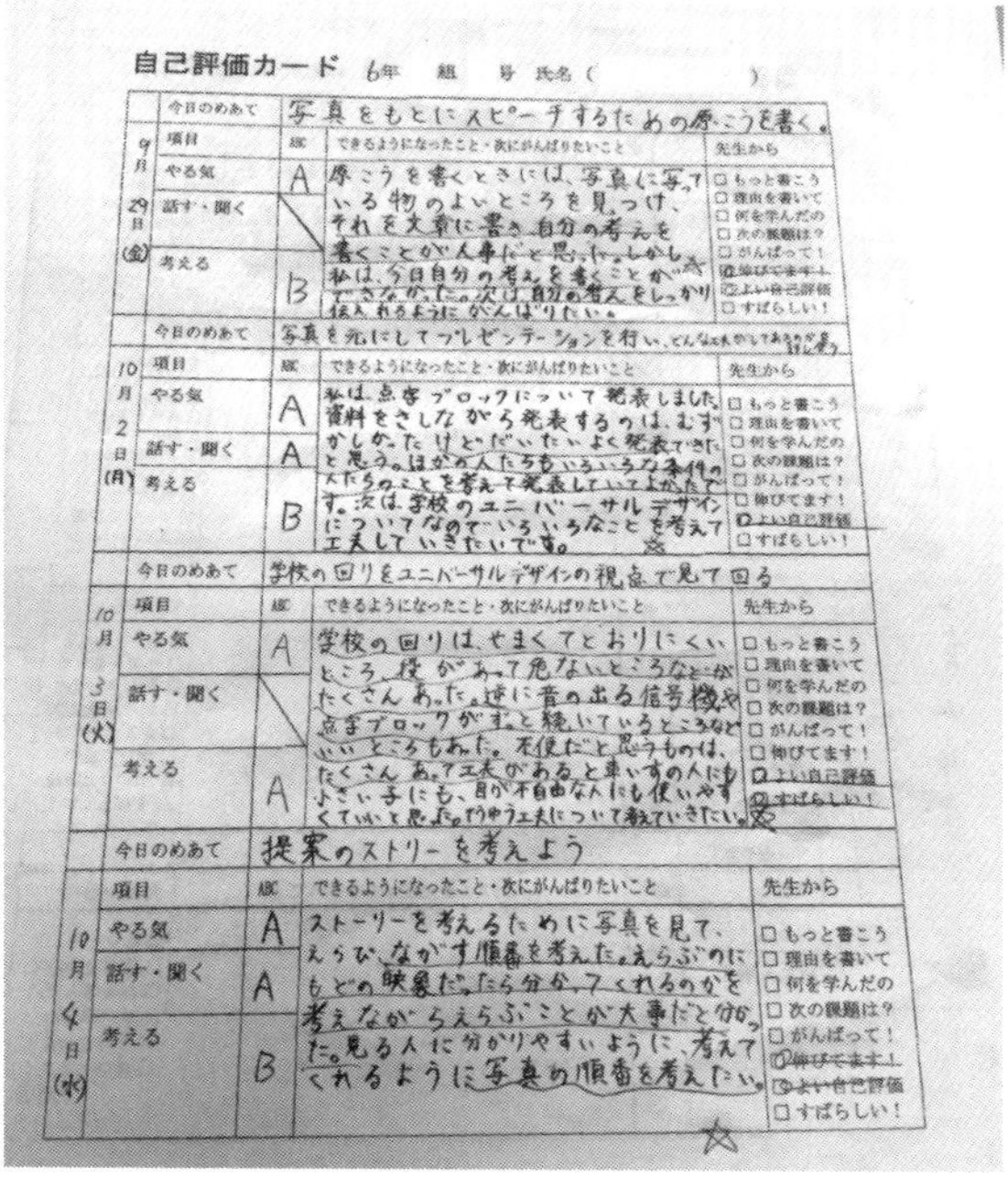

自己評価カード　6年　組　号　氏名（　　　　　）

	今日のめあて	写真をもとにスピーチするための原こうを書く。		
9月29日(金)	項目	ABC	できるようになったこと・次にがんばりたいこと	先生から
	やる気	A	原こうを書くときには、写真に写っている物のよいところを見つけ、それを文章に書き自分の考えを書くことが大事だと思った。しかし私は、今日自分の考えを書くことができなかった。次は自分の考えをしっかり伝えれるようにがんばりたい。	□もっと書こう □理由を書いて □何を学んだの □次の課題は？ □がんばって！ □伸びてます！ □よい自己評価 □すばらしい！
	話す・聞く			
	考える	B		

	今日のめあて	写真を元にしてプレゼンテーションを行い、どんなよさがあるかを話し合う		
10月2日(月)	項目	ABC	できるようになったこと・次にがんばりたいこと	先生から
	やる気	A	私は点字ブロックについて発表しました。資料をさしながら発表するのはむずかしかったけどだいたいよく発表できたと思う。ほかの人たちもいろいろな条件の人たちのことを考えて発表していてよかったです。次は学校のユニバーサルデザインについてなのでいろいろなことを考えて工夫していきたいです。	□もっと書こう □理由を書いて □何を学んだの □次の課題は？ □がんばって！ □伸びてます！ □よい自己評価 □すばらしい！
	話す・聞く	A		
	考える	B		

	今日のめあて	学校の回りをユニバーサルデザインの視点で見て回る		
10月3日(火)	項目	ABC	できるようになったこと・次にがんばりたいこと	先生から
	やる気	A	学校の回りは、せまくてとおりにくいところ、段があって危ないところなどがたくさんあった。逆に音の出る信号機や点字ブロックがずっと続いているところなどいいところもあった。不便だと思うものは、たくさんあって工夫があると車いすの人にも小さい子にも、目が不自由な人にも使いやすくていいと思った。ぎゃくに工夫について考えていきたい。	□もっと書こう □理由を書いて □何を学んだの □次の課題は？ □がんばって！ □伸びてます！ □よい自己評価 □すばらしい！
	話す・聞く			
	考える	A		

	今日のめあて	提案のストリーを考えよう		
10月4日(水)	項目	ABC	できるようになったこと・次にがんばりたいこと	先生から
	やる気	A	ストーリーを考えるために写真を見て、えらび、ながす順番を考えた。えらぶのにもどの映像だったら分かってくれるのかを考えながらえらぶことが大事だと分かった。見る人に分かりやすいように、考えてくれるように写真の順番を考えたい。	□もっと書こう □理由を書いて □何を学んだの □次の課題は？ □がんばって！ □伸びてます！ □よい自己評価 □すばらしい！
	話す・聞く	A		
	考える	B		

前田先生は一人ひとりに丁寧にコメントを書いて返していた時期もありましたが、とても時間がかかりました。そこで、写真のように「もっと書こう」、「がんばって！」などのチェックボックス式にしたのです。こうすると作業時間は大幅に減りました。

丁寧なコメントがなくなり、子どもたちは残念がったかと言えば、そうではありませんでした。次の授業のときによく振り返りができた子に発表してもらい、その子を褒めますから。また、

子ども（児童生徒）のためになるからと、仕事を手離せない。

【基本方針 2】
子どものためとばかり言うな。重点課題とビジョンをもとに、仕事をやめる、減らす、統合しよう
◯課題とビジョンに照らして“より”子どもたちのためになることに、希少な資源（人、時間、予算等）を充てよう。

【具体策 2－1】 目標の重点化の前に課題の重点化を。本校の重要課題トップ３について教職員等の知恵を出し合い、忙しくてもどこに学校は力を入れていくのかベクトルを合わせていく。

【具体策 2－2】 「教育効果があるから」だけではダメ。業務や行事を棚卸ししたうえで、「時間対効果は高いか」、「より優先度の高い課題やビジョンに対応したものか」の視点から、優先順位と劣後順位を検討する。

【具体策 2－3】 部活動についても、重点課題とビジョンに照らすとやり過ぎではないか、子どもの多様な経験の時間を奪っていないかなどの視点から見直しを。

【具体策 2－4】 提出物等の丁寧なチェックももう少しラクにしてみる。

「よい自己評価」や「すばらしい！」というチェックがほしくて、多くの子はさらに書くようになりました。

このように、丁寧に時間をかけることだけがよい効果を生むとは限らないのです。おそらく、この手のちょっとした時短のコツ、工夫は多くの学校現場であると思います。ぜひみなさんもよい実践を共有して、いいなと思ったものをまねしてみてください。

【基本方針３】教員でなくてもできることは手離れさせるとともに、チームで対応できるようにする

◎抵抗があるかもしれないけれど、その仕事はあなたでなくてもできる

ビルド&ビルドになりがちな学校にあって、教員の仕事を減らすことは大切です。「抵抗があるかもしれないけれど、その仕事はあなたでなくてもできる」と伝えて、業務を仕分けていく必要があります。

【具体策３－１】教師業務アシスタントと職員室のコーディネーターを配置し、教員がやらなくてもよい仕事は分業を進める

ヒントは岡山にありました。岡山県では全国に先がけて、「教師業務アシスタント」の活用を進めています。そのなかでも、美咲町立加美小学校の取り組みはとても参考になります。

まず、「教師業務アシスタント」って何？　について。ざっくりいうと、学校の先生たちが担ってきた業務の一部を手伝ってもらう方のことです（岡山県の場合は非常勤職員）。ひとつの例は、印刷を代行してくれます。

これは、民間企業の人からすると、そんなたいした仕事に思われないかもしれませんが、小学校や中学校のお子さんがいる方ならわかると思います。学校は、プリントや紙でのお知らせが実に多いですよね。宿題はもちろん、補習に使うもの、授業中に使うプリント、学校からの各種お知らせ（学校便り、学級通信、運動会の案内など）、教育委員会からのお知らせ、個人面談やＰＴＡの会合などの案内と出欠確認などなど。

紙はもっと削減するなり工夫をしていくべきところもありますが（今の時代、メールやウェブで済むという家庭も多い）、紙を打ち出して、児童生徒数や家庭数（兄弟姉妹がいる場合は家庭にひとつという文書もある）を数えて、各学級に配って、と大変な労力を要します。

小・中・高校では、通常、秘書的な方や補助的なスタッフはいません。大きな会社や役所なら、ちょっとしたことを手伝ってくれるスタッフはいるのではないでしょうか？　わたしが民間シンクタンクや

霞が関の省庁にいたときは、非常勤のスタッフの方が印刷などを手伝ってくれていました。学校の場合、事務職員はいますが、会社でいうところの総務、財務、調達管理などいろんな仕事をこなしており、多くの場合、正直、印刷まで手伝ってあげられません。

ですから、一般の教員はもちろん、校長や副校長・教頭が平気でコピー機、印刷機の前でかなりの時間を使うなんてことがあります。会社で社長や部長がそうしていたら、たぶん驚く人も多いと思いますが、学校はそのあたりのコスト感覚も違います。

1人の教員当たり、1日に印刷に使う時間は、おそらくそう多いわけではないと思いますが、ちょっとしたことも重なると大きな時間となります。それに、自分の授業中に、明日必要なプリントの印刷をしてくれていたら、どうですか？　気持ち的にも楽になりますよね。

◎教員がお金を扱う仕事を大幅に減らす

教師業務アシスタントの導入は、岡山県や横浜市など、まだ事例は限られていますが、国のモデル事業などもあり、少しずつ増えてきています。わたしが訪問した美咲町立加美小学校では、学校徴収金業務もアシスタントの方が担っていました。

学校徴収金って何？　という方も多いと思います[*62]。公立学校は税金で運営されていますが、足りない分や家庭負担でお願いしたいものがあり、これを学校徴収金として各学校で集金します。学級費とか学年費と呼ばれるものも、学校徴収金のひとつです。小さなことでいえば、算数ドリルとか、大きなことでいえば校外学習のバス代など。

集金を口座振替にしている例もありますが、集金袋で児童生徒がもってくるという、昔ながらのスタイルの学校もまだまだ多いです。教員勤務実態調査（２０１６年度）によると、小学校の約5割、中学校の約3割は、学用品等の集金を手渡ししています。

このお金を扱うというのが、教員にとっては実に神経を使うし、事務もややこしい。もちろん預かったお金をなくしてはいけませんし、誰が払ったかのチェックも必要です。集めたお金があっているかの確認も必要（足すとなぜか合計額と実際が合わないとか）、業者ごとへの支払いも必要ですし（場合によっては銀行に振込に行かねばなりません）、予定と違って集めすぎた場合は家庭に返す手続きも発生しますし、決算報告も必要です、などなど。

加美小のアシスタントの方は、月末など学級費等を集める時期になると、各クラスをたずねて、集金袋を預かります。その後、金額の確認、提出した人のチェックなど、集めた後の工程の作業の多くをやってくれるのです。

もちろん、丸投げではいけません。管理は担任の役割、全体の所掌は事務職員が行っていますし、管理職の決裁が必要な工程もあります。とはいえ、**従来の多くの作業を教員の手から離しています。**

こうしたアシスタントの配置によって、大変助かるという教員は多いです。実際、加美小の教員は、計画的な授業準備や教材研究に充てる時間が増えました。遅くまで残る人も減っているそうです。

しかし、そううまくいく学校ばかりではありません。教員は長らく自前でやってきたため、アシスタントが来ても、何をどうお願いしたらよいのかわからないという方もいます。それに、アシスタントの仕事が一時期に集中してはパンクしますし、アシスタントのやる気を維持・高めるよう、声かけや仕事の依頼の仕方にも一定の気配りが必要です。つまり、**アシスタントを配置するだけでは十分ではなく、アシスタントの仕事を調整しながら、動機付けをするマネジメント人材（コーディネーター）も必要**です。加美小ではこの役割を**学校事務職員が担っています。**

【具体策3-2】役割分担の見直しにとどめず、業務プロセス自体の見直しをかける

加美小で注目すべきは、アシスタントの活用と併せて、学校徴収金のルールの町での統一、書式の統一（学級などによって微妙に様式がちがっていた）、ITの活用（手計算はしない）などを進めている点です。

とくに注目すべきは、何を徴収金（私費）で対応し、何を公費（学校や自治体の予算）で対応するかを明確にしつつある点です。これは、家庭負担の軽減の観点からも重要な取り組みです。事務職員の大天さんはこう述べています[*63]。「教員とアシスタントの業務を区分していく中で、事務業務の流れや担当、システムなどの見直しを行った」、「特に会計業務においては、特別支援学級児童、転出入児童の複雑な会計処理や、公費私費の負担区分について、学校としての統一と徹底ができたことも、大きな成果といえる。また、保護者集金によるすべての会計はこのシステムで統一的に管理でき、年度末には、購入した教材の評価も残せるようにした。次年度の購入計画を立てる際の資料も作成できるようになっている」。

何か仕事をお願いする、投げるというだけではなく、**業務自体を見直す**ということです。企業や行政でも、ITを導入するときに業務自体を見直さないと、ITだけ入れてもダメだ（効果は薄い）と言わ

■図表4－8　業務プロセスの可視化と見直し例

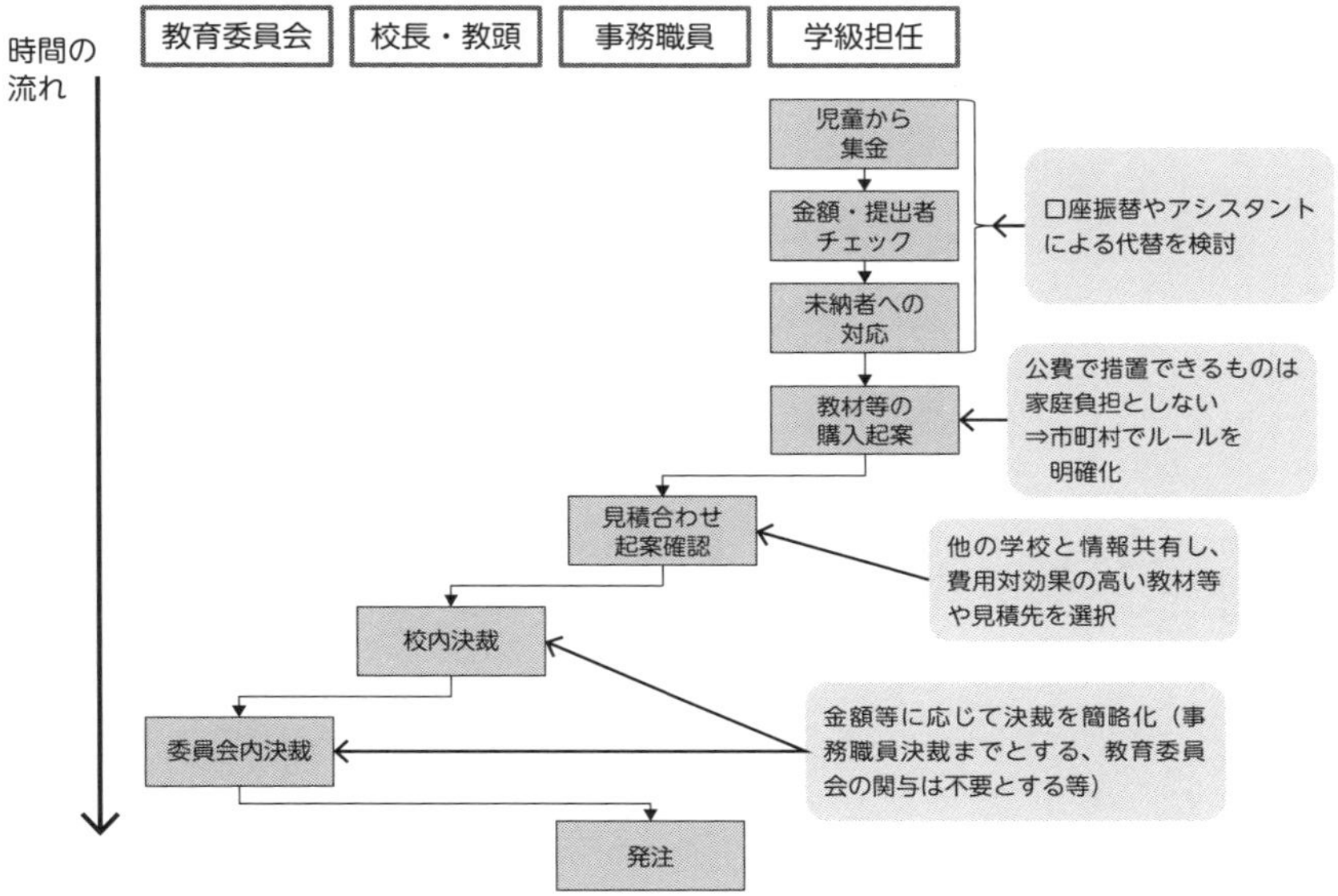

れます。それと同じです。

これは、企業等で進められているBPR (Business Process Re-engineering) という考え方です。**BPRでは、業務を細かなプロセスごとに棚卸しして、どの主体がどのような流れで何を行っているのかを可視化**します。そして、**無駄の多い工程や見直しが必要な箇所はないか、検討**します（たとえば、不必要な確認・決裁などのプロセスが入っていないか、どこかで後戻りが発生していないかなど）。学校で応用して考えてみた例が**図表4－8**です。

この図では、縦軸は時間の流れ、横軸は役割分担を検討する主体です。現状の業務の流れを洗い出したうえで、右側の吹き出しの部分で、見直しを検討しています（本当は、この図の右側に業務プロセスの改善案の流れ図も書くのですが、省略しています）。

実はこのＢＰＲの発想は、企業等では業務の見直し、改善の基本的な手法のひとつです。たとえば、トヨタ自動車はカイゼンで世界的に有名ですが、工場だけでなく、ホワイトカラーの生産性を一流にしたいと考えました。そこで行われたのが「自工程完結」という考え方で、ＢＰＲの一種（あるいは応用）と言えると思います。自工程完結では、次の点がポイントとなります[*64]。

①仕事の目的・意味（なぜやるのか）、ゴールをはっきりさせる。

②最終アウトプットイメージを明確に描き、関係者と共有する。これがクリアーすれば次の人や部署（＝後工程）に渡せるという基準を決める。

③アウトプットイメージに至るまでの仕事のプロセス・手順を洗い出し、可視化する。

④プロセス・手順のなかで、無駄や非効率な点、従事者にとってストレスのかかっている点（やりにくい作業や面倒な作業）を点検して、改善を図る。

これは、学校にも応用できる考え方だと思います。修学旅行を例にとって考えてみましょう。

①修学旅行はそもそも、なんのために行うのだろうか。子どもたちの思い出づくりのためだけではないはずだ。

②今の学年の子どもたちを見ていて、どのようなことが修学旅行の準備と当日で達成できるとよいだろうか。何を基準に大成功と考えられるだろうか。

③修学旅行の実施に向けて、事前学習、旅行の手配・会計、当日の活動などで、どのような業務、準備ステップがあるだろうか。

■図表4－9　大阪市の校務支援システムの概要

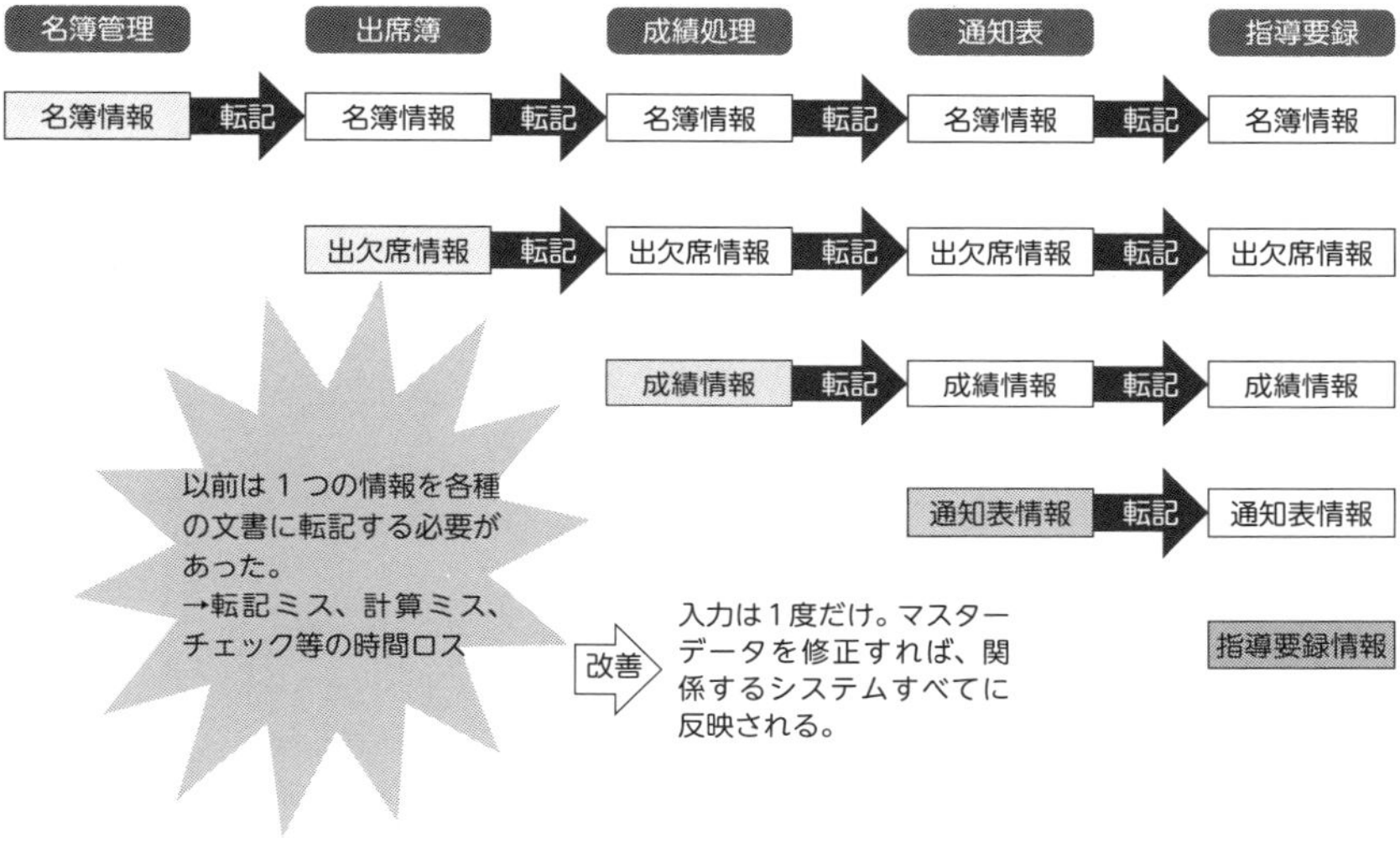

出所）『総合教育技術』2015年11月号（小学館）を一部加工

④①、②を踏まえて、③の業務・ステップのうち、見直すべき点はどこかないだろうか。たとえば、本当に例年通りでよいのだろうか、旅行会社の提案通りでよいのだろうか。

◎日常的な不満と疑問が改善のヒント

ストレスのかかる業務を見直したほかの例も紹介しましょう。**図表4－9**は、大阪市の校務支援システムというＩＴの活用例です。これ以前は、児童生徒の名簿情報や出席情報などを、いくつかの事務で繰り返し入力・転記する手間がかかっていました。ある程度時間もとられますし、転記ミスなども発生していました。このシステムでは、そうした手間を省くようにしたというものです。

やはり「必要は発明の母」です。日ごろの不満と疑問を大切にして、改善につなげることが重要です。また、各学校でばらばらに書類やＩＴを整備するのも非効率なので、教育委員会の施策・協力が効果的です。似た取り組みは京田辺市などでも行っています。

【具体策3－3】なんでも自前はやめ、過去や全国の実践等からまねて学ぶ

第1章で、教材研究や授業準備にも相当の時間を使っている、ということを見ました。これは、教師にとっては本来業務のひとつですし、時間があればもっと力を入れたいと思っている人も多いです。

しかし、ここでも注意が必要です。時間は有限です。何でも一から、オリジナルでやろうとしていないでしょうか？　中学校教員経験の長い玉置崇教授は、**「仕事が早い人は、仕事は模倣から始まるということをよく知っている。**仕事にはオリジナル性が必要な部分もあるが、過去と同じでよい部分もかなりあるはずだ」と述べています[*65]。

業者と提携し、ネット上に準備してある問題を入れ替えたりすることで算数プリントが作成できるようになっている市もあるようです。他人のつくったものであっても、使えるところは使い、自前で時間をかけるべきところはかけるという濃淡をつける必要があります。

横浜市立富士見台小学校では、職場改善活動のなかで、担任がそれまで**個々人でもっていた書類を大幅に減らし、共有フォルダ化**（共有の戸棚に入れる）しました。何は個人でもっている必要があるのか、何は共有したほうがよいのか、各々がもっている書類を洗い出しながら、教職員でワークショップをして仕分けていきました。たとえば、去年の○学年のこの時期の週案はどんなものだったか、共有化された書類を参照しながら自分の授業を検討することができます。

【具体策３－４】仕事を任せきりにせず、進捗を確認し、悩みを打ち明けられる場をつくる

第３章で分析したように、教職員の間でコミュニケーション不足となりがちなのは、教師がヘルプサインを出しづらい職業であるからです。多忙化対策、学校改善を考えるにあたっても、メンタルヘルスの観点からも、**「ちょっと困っていることがあって」、「実は少し悩んでいるんです」と言える職場**にしていくことが大切です。

「チーム学校」というコンセプトを持ち出すまでもなく、そうしたちょっとしたコミュニケーションを大切にすることが、チームワークを高める重要な一歩だと思います。

とはいえ、この手の話は、教員への意識啓発や管理職向け研修等だけでは不十分です。学校では、各教室で教育活動を分業しているせいか、校務分掌や学級運営についても、いったん分担してしまえば、ほったらかしという性格が強いようにわたしは観察しています。とりわけ学級担任の負担は重く、その負担に押しつぶされるかたちで、新任教員等の自殺が起きています。学校は、企業や行政と異なり、進捗を確認し、相談できる場が極端に少ないのではないでしょうか（一部の行事や問題対応事案を除いて）？

大事なのは、話せる「場」をもっと意識的につくることだと思います。これは、何もまた会議を増やせということではありません。少ししんどそう、忙しすぎるな、という方に声をかけ合うこと、ちょっとした雑談をしつつ確認するといったことからでもよいと思います。

神奈川県立田奈高校では、生徒の気になることなどがあれば、正式な会議ではなく、関係教職員が集まって立ち話で相談を始めます。これを〝オン・ザ・フライ・ミーティング〟と呼んで奨励しています。

わたしが頑張ればよいと、業務やトラブルを抱え込んでしまう。

【基本方針 3】
教員でなくてもできることは手離れさせるとともに、チームで対応できるようにしよう

○「これはあなたでなくてもできること」を伝えていこう。

○担任任せにし過ぎない。

【具体策 3－1】 教師業務アシスタントと職員室のコーディネーターを配置し、教員がやらなくてもよい仕事は分業を進める。

【具体策 3－2】 役割分担の見直しにとどめず、業務プロセス自体の見直しをかける。必要性が低く省けるもの、IT 化できること、集中処理したほうがよいもの等を検討する。

【具体策 3－3】 なんでも自前はやめる。過去や全国の実践等からまねて学ぶ。書類・資料の個別管理は極力やめて、共有化を。

【具体策 3－4】 仕事を任せきりにせず、進捗を確認し、悩みを打ち明けられる場をつくる。

別の学校のある養護教諭は、**「忙しそうに見えない」ようにしたい**と言っていました。バタバタしている人には、子どもたちも、教員も、声をかけづらいからです。もちろん、前述のとおり、養護教諭の多忙も大きな問題ではあるのですが、「忙しそうに見えない」ようにするというのは、ひとつのステキな心構えだと思います。

【基本方針4】伝統・前例だからと思考停止せず、今日的な有効性を問い直そう

【具体策4－1】「その活動、行事はなんのため」を問い直す（そもそも論を大切に）

〝神話〟の最初に紹介した伝統、前例の重み。これについても、**「本当にその前例は今も有効？ そもそもなんのためにやっているの？」、「その目的、目標のためなら、もっとやり方は見直せないの？ とくに安全に関わらないことは」**といった疑問を投げかけたいと思います。

というのも、何年も何十年も前から始まったことが、当

時は有効だったとしても、すでに必要性が低くなっていたり、今では別のもっといい方法があったりするからです。**伝統・前例とは、盲目的に守ればよいというものではなく、必要に応じて見直して、よりよいものをつくっていくもの**、というくらいの姿勢がほしいです。クリティカル・シンキング（批判的な思考力）が必要なのは、子どもたちだけではありません。教職員や保護者、わたしたちにもです。

具体例を紹介しましょう。愛知県の小牧市立小牧中学校では、開校以来65年間、年２回発行していた学校新聞を思い切って廃止しました*66。年２回なので、時機を逸した記事もかなりあったからです。また、新聞作成担当者が原稿集めをして、字数を合わせて記事に仕上げ、業者に出して校正するという手間も相当かかっていました。代わりに、学校ウェブページで随時情報発信することにしました。こうすると、タイムリーですし、字数はあまり気にせず発信できます。廃止した結果、フタを開けてみると、特段クレームは来なかったそうです。

これは、伝統・前例を勇気を出して見直したよい例です。**子どものためにとばかり思い込まないで、よりよい方法はないか、丁寧にやり過ぎていないか、問題意識をもち続けることが必要**です。

もうひとつ、同じ小牧中学校の事例では、生徒手帳を廃止しました。それまでは担任が住所、氏名、校長印、公印を押して生徒に渡すという作業をしていました。学年開始当初に配布する必要があるので、慌ただしい時期のことです。しかも値段もけっこうなものです。生徒に聞くと、学生の証明として使うけれど、手帳欄は使わないと言います。そこで、学生証明書を生徒データベースからカードに打ち出す形式に変更しました。

また、これは学校の例ではありませんが、伝統について考える教材をひとつ。最初の大規模な勤務実態調査が行われたのは、1966年のことと前に述べました。この年はある大きなイベントがあったのですが、ご記憶ですか？（って、生まれていない人も多いですよね。）

答え合わせです。1966年はビートルズが来日した年なんです。わたしはビートルズが大好きでして。学校での勤務を終えた後のみなさんは“A Hard Day's Night”*67の連続かもしれませんね。

この日本公演で大きな問題になったことのひとつに、日本武道館でロック・コンサートを行うことがありました*68。「武道館は、日本武道振興のために作られた伝統的格闘技の殿堂であり、そこでロック・コンサートを行うなどとは武道館の精神を冒とくし日本の若者を伝統的な価値観から堕落させる」という、現在では考えられない批判が当時は出ていたのだそうです。ビートルズは日本武道館で初めてロック・コンサートを行ったバンドとなったわけで、その後武道館と言えば、ロックの殿堂、ミュージシャンの憧れの地となったことは周知の事実です。「伝統はつくるもの」というよい例です。

第3章で学校の仕事が「ビルド&ビルド」となりやすい背景として、やるべきことを取捨選択する基準をもちにくいから、と解説しました。先生たちは子どもたちのためによかれと思ってやっていることが多いため、何かを減らす、軽くするという視点も基準ももちにくいのです。

そんななか、数少ない重要な基準として、前述した学校の重点課題・ビジョンと照らして判断するという視点がひとつ。もうひとつは、それとも密接に関わりますが、その活動の**目的または目標に照らし**

て、よいと言えるかどうかという点です。目的とは、なんのために行うのかということ、〝的〟という漢字のとおり、どの方向を向いて仕事をしているのかを問います。目標とは、どこまで達成したいのかということを指し、いわば「的」にどのくらい命中させたいかです。

たとえば、運動会、もしくは学芸会、音楽会ひとつをとっても、「なんのためのものでしたっけ？」という目的や、「今年はどんなことを実現する（達成する）ことをゴールにしていますか？」という目標の確認が必要です。保護者を喜ばせるためではありませんよね？

目的、目標を達成するために、有効な取り組みと言えるのか、費用対効果ないし時間対効果はよいのかなどを見つめ直します。たとえば、運動会の準備のために授業時数の多くを割いていて本当によいのか、その目的、目標ならば種目の選択や運営上の工夫がもっとできるのではないか、そもそも、運動会以外の活動を充実させるアプローチもあるのではないか、といった視点での検討が必要です。

【具体策４－２】学力テスト、授業研究・研究指定などが形骸化していないか、時間対効果や課題・ビジョンとの関係から見直す

なんのためかがはっきりしないから、やらされ感や多忙感の募る仕事が多くなるのです。

このひとつの例は、学力テストだと思います。全国学力・学習状況調査は授業改善等に役立てるのが目的であるはずなのに、いつの間にか、平均点を上げる競争に学校現場と教育委員会の一部は躍起になっています。都道府県や市単位での独自の学力テストも多くの地域で行われていますが、なんのために行っているのでしょうか？

目的や目標を勘違いしていないでしょうか？　平均点が上がることに価値はないとは申しませんが、そもそもどれほどの意味があるのでしょうか？　個々の子どもにとって、できないことができるようになった、より知識の活用・応用もできるようになってきた、そうしたことのほうがよほど重要でしょう。

全国や地方独自の学力テストがなくても、日ごろ教師たちは児童生徒を観察するなかで、どんな課題があるか、それにはどのような背景があるかなどを感じ取っているはずです。必ずしも数値データではないかもしれませんが、そうした、学校のなかにすでにある（新たに調査するのではなく）データや知見をみなで持ち寄り、情報共有したり、対策を練ったりすることのほうに時間を割いたほうがよいと思います。

また、研究指定校などのモデル事業や授業研究会も要注意です。

- 指定を受けているからやらざるを得ない
- 公開研究会の準備はめちゃくちゃ入念にやるが、そのあとは疲れてしまって、十分活用されない
- 時間をかけて研究紀要をつくるわりには、その後紀要が活用された形跡はない
- 指定が終わったり、熱心な教員が異動したりすると、トーンダウンする

などは茶飯事です。それでは、なんのための活動だったのでしょうか？　事前準備はある程度ほどほどにして、授業研究のあとの、たとえば1週間後や1ヵ月後にフォローアップの場を設けて、どこまで授業改善がなされたのか等を確認することに時間をかけるべきではないですか？

これは一例ですが、多忙、多忙と言いながらも、学校にはもったいないこと、残念なことが多いのも

■図表４－10　永田台小学校における授業研究の改善

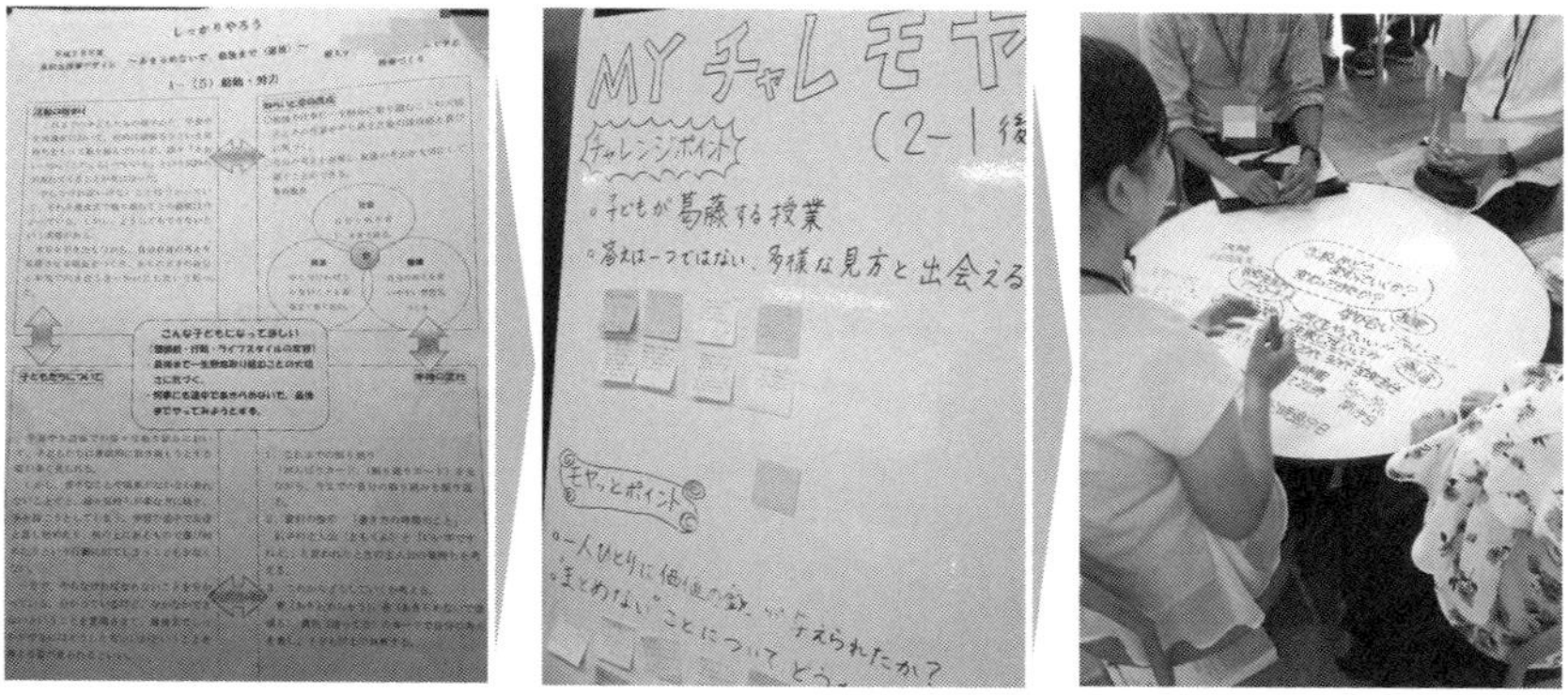

指導案は１枚紙で	チャレンジしたいこと、モヤっとしていることを教室の前に書いて表明	問題意識の高いテーマでワークショップ＋今後のアクションも立案

事実です。業務改善や学校改善と言ったときに、あなたの周りのちょっと気になる業務や行事の目的と目標を確認し直すことから始めましょう。

事例を紹介しましょう。福岡県春日市は、市が研究指定して、各小・中学校が持ち回りで授業研究などを行っていましたが、やめました。なぜなら、入念に準備を重ねた授業を観察してコメントし合うよりも、各校がもっと日常的な授業改善に時間を割くことのほうが優先度は高いと考えたからです。

また、横浜市立永田台小学校では、従来は指導案を何回も書き直して臨んでいた授業研究を見直しました（**図表４－10**）。その代わり、指導案は１枚。授業者はなるべく普段のような授業でよいので、公開します。その授業でチャレンジしたいことやモヤモヤしていること（たとえば、算数で学び合いの時間をとるが、できる子が一方的に教えることにならないか）を書いて、教室の前のホワイトボードにて発信します。授業を観察する側は、そのチャレモヤポイントを中心に、コメ伝統・前例を見直さず、ビルド＆ビルドに。

【基本方針 4】
伝統・前例だからと思考停止せず、今日的な有効性を問い直そう
○そもそもなんのためのものかを確認し、別の手段・方法がないかの比較検討を行う。

【具体策 4－1】「その活動、行事はなんのため」を問い直す。そもそも論を大切に。
【具体策 4－2】学力テスト、授業研究・研究指定などが形骸化していないか、時間対効果や課題・ビジョンとの関係から見直す。

ントを付箋に書いてフィードバックします。

授業の後の研究会では、円形型のホワイトボードをもとに、右記のチャレモヤポイントの論点を中心に関心のある人が集まって、ワークショップ型で、ひざ詰めでアイデアを出します。外部からの講師が偉そうに無責任にコメントして終わりなんてことはしませんよ。外部人材も一参加者です。ワークショップでの議論を踏まえて、各自の今後行いたいこと、アクションプランを立案して紙に書いて貼っていく、そんなワークもします。

学力テスト、授業研究・研究指定などを見直しても、多忙が劇的に減るとは限りませんが、多忙感には相当影響します。どうせやるなら、楽しいことに時間とみんなの知恵を使おう、そんな発想です。

これ以外にも、多くの伝統・前例で見直せるものがあるはずです。たとえば、掃除の時間。ほとんどの学校であると思いますが、毎日せよなどとは学習指導要領のどこにも書いていませんよ。

【基本方針５】管理職は〝いい人〟というだけではダメ。キビシイことも言い、立て直す支援を

【具体策５－１】事務職員やアシスタントとの分業を進め、副校長・教頭は人材育成に時間を

第３章で、学校における人材育成の負のスパイラルについて分析しました。学校に限らず、どの組織にもあることですが、できる人に仕事が集中してしまい、その人や職場が疲弊してしまう、そうするとますます人材育成ができず、できる人にさらに仕事が重なるという悪循環です。

どこから対処していくべきでしょうか？

わたしは、３点あると思います。１点目は、本来人材育成を担うべき副校長・教頭が事務作業等で時間を取られ、人材育成に時間をかけられていないという問題にメスを入れることです。

これも、特効薬がある世界ではありませんが、具体的には、３つのアプローチが必要だと思います。

第一に、**事務職員との役割分担**です。学校によって、公費（自治体予算で措置するもの）会計の大部分を副校長・教頭が担っている場合もあれば、事務職員が担っている場合もあります。文書作成や調査への対応についても、一部は事務職員が行っている学校もあります。もちろん校長や副校長・教頭が回答しないといけないものもありますし、国・教育委員会等からの調査や依頼の多さは大いに見直すべきですが。

とはいえ、事務職員も暇ではありません。第二のアプローチとして、教師業務アシスタントのように、教頭業務の一部をほかの人にお願いすることです。大阪市では**教頭を補佐する職員**を置いている学校も

あります。教頭補佐を経験したある方は、「教頭が処理している仕事のうち、教頭でないとできないというものは少ない」と述べています。雑多な仕事が、教頭職に降りかかっているのだと思います。

これらのスタッフを配置する予算がない地域・学校においては、特別支援教育支援員らに一部お願いできないかなども検討課題でしょう（もちろん本来は特別な支援が必要な子どものための方ですから、支援員の特性や勤務条件とのすり合わせは必要です）。

第三に、校長との分担です。こじれつつある保護者への対応などは、校長の責任のもと行うほうがスムーズなときも多いはずです。


【具体策5－2】「みんな忙しい」とはいえ差もある。仕事量の少ない人を立て直すべく、管理職はフィードバックを

負のスパイラルに対処する2点目は、教員間の業務量を調整しつつ、業務量が少な目の人にももう少し仕事ができるようになってもらうということです。「みんな忙しい」とはいえ、仕事の分担量や中身には相当差があると思います。たとえ長時間労働の人でも、どうも仕事が遅い、丁寧にやり過ぎているのではないかという教員に対しては、このままでいいのだろうか、彼らの役割としてはもっとこういう仕事も期待したい、と伝えていくことが必要です。

ここでは、校長、副校長・教頭による「コーチング」と「フィードバック」が重要となります。コーチングとは、詳しくは他の書籍にゆずりますが、相手の言葉を傾聴して、感じたことを伝えたり、相手のやる気を引き出す問いかけをしたりすることです。

コーチングも大事ですが、**ときには耳の痛いことを伝えて、部下と職場を立て直す**アプローチも重要です。これがフィードバックです。

実は企業等でも、仕事ができる人、できない人はいますし、部下に厳しいことも伝えて成長を促すということには、大変苦労しています。そうした経験から、いくつかのフィードバックのポイントや技術が明らかになりつつあります*69。

一つ目のポイントは、**ＳＢＩ情報をよく観察して記録しておき、伝えること**です。つまり、Situation（どんな状況での）、Behavior（部下の振る舞い、行動が）、Impact（どんな影響をもたらしたのか、ダメだったのか）の3点を具体的に伝えることが重要というわけです。

言われれば当たり前のように聞こえますが、これが案外むずかしいと思います。学校で言うと、「先生のクラス、最近少し落ち着きがないようですが（＝Impactだけ伝えている）」、「教育委員会から○○という指示が来ていますので、先生に対応をお願いします（＝ＳＢＩや目的・目標の説明がほとんどない）」といったケースも多々あるのではないでしょうか？

おそらく多くの学校では、目標管理の場面で、年に2、3回は管理職と教職員が一対一で面談する場があると思います。しかし、その場がＳＢＩ情報に基づく具体性の高いコミュニケーションになっているでしょうか？　校長は校長室にいるだけではＳＢＩ情報は集まりませんよ。

二つ目のポイントは、なるべく時間を置かないことです。研究によると、**半年に1回などと言わず、頻度を上げてフィードバックの場をもつほうが望ましい**ことがわかっています。「リアルタイムフィードバック」という考え方もあるくらいです。つまり、気づいたことはお互いに忘れないうちにさっさと共有してしまえ、というわけです。

そんな時間は多忙化した学校にはない、という反論が返ってきそうです。しかし、フィードバックが必要となるのは、何も人事評価の面談のときだけではありません。校内研修も貴重なフィードバックの場ですし、ちょっと部下・同僚の授業や仕事を見て、感じたことを伝えるというのも立派なフィードバックです。仮にまとまった時間がつくれなくても、5分、10分ちょっと話を聞く・する、ということでもよいと思います。

SBI情報が大切なことや、あまり時間を置かずにフィードバックすることが重要なこと、傾聴することや褒めることも必要ですが、時にはキビシイことを伝えて成長を促すこと。これらのポイントは、おそらく教員にとっては、「なんだ、子どもと接するときと同じじゃないか」と思われることも多いかもしれません。

そうなのです。フィードバックの技術は、子どもにも大人にも似たことが言える部分があります。その点を思い起こしながら、人がいいだけの校長等ではなく、教職員をしっかり育てる校長等でいてほしいと思います。

【具体策5-3】子どもたちの自己肯定感や自分への信頼を高めて、深刻な問題をなるべく未然に防ぐ

負のスパイラルに対処する3点目は、フィードバック等による人材育成が重要とはいえ、あまり個人プレーの頑張りばかりに期待しないことです。つまり、トラブル等をなるべく未然に防ぐために学校はチーム、組織で当たることが必要です。

できる人に仕事が集中し、多忙化が加速する、悪循環に。

→

【基本方針 5】
管理職は“いい人”というだけではダメ。キビシイことも言い、立て直す支援を
○学校に必要なのは分業とフィードバック。
○問題行動等には対症療法ではなく、予防を。

【具体策 5－1】　事務職員やアシスタントとの分業を進め、副校長・教頭は人材育成に時間を。

【具体策 5－2】　「みんな忙しい」とはいえ差もある。仕事量の少ない人を立て直すべく、管理職はフィードバックを。

【具体策 5－3】　子どもたちの自己肯定感や自分への信頼を高めて、深刻な問題をなるべく未然に防ぐ。

子どもの問題行動や学級崩壊が起こった後で、対症療法的に組織的に対応しようとしても、多忙は解消しません。予防なり、根本から学校を元気にしていくことが必要なわけです。学校経営が専門の久我直人教授は、子どもはどんなときに頑張り、やさしくなれるのか、中学生（1〜3年生）約5、200人、小学生（4〜6年生）約6、000人を対象に調査しました[*70]。分析からわかったのは、**「自分への信頼」、つまり「わたしは一人の大切な人間である」、「自分にはよいところがある」という自己認識が、子どもの学習意欲などの頑張りを伸ばし、同時に、人のことを大切にすることなど、やさしさにも強く影響する**ということでした。

つまり、問題行動や学級崩壊等をなるべく未然に防ぐことをねらうならば、子どもたちの自分への信頼や自己肯定感を高める教育を、学校では教職員がチームとして、また家庭や地域の協力を得ながら進めていくことが重要というわけです。

この調査の示唆は大きいと思います。生徒指導で手間がかかる学校は、やはりすごく多忙です。それでいて、生徒指導という名のもとに、頭髪指導、服装指導など形式的な対症療法に過ぎないのではないかと思えるものが幅を利かせています。生徒への管理を強めて、抑え込もうというのは、病気でたとえると、症状を無理やり薬で抑えようとしていることに近いと思います。それが必要な局面もありますが、本来は、病気にならないようにしていくことが重要です。具体的には、子どもたちのよいところや成長したことを認める、褒める声かけなどを一部の教員だけではなく、学校全体できちんと意識的に進めていくことです。

【基本方針6】学校のサポーター・応援団を増やそう

【具体策6－1】ＰＴＡや学校支援活動の充実を図り、学校への信頼を高める

〝神話〟その2、保護者と生徒獲得のプレッシャーについてです。これについては確かに仕方がない部分も大きいとは思いますが、第3章でも述べたとおり、どこまで保護者等の声を聞いているのだろうか、また保護者の期待や生徒獲得のためとはいえ、費用対効果、時間対効果はどうだろうか、などの点で再検討が必要です。

保護者の声や生徒獲得に関わる評判については、一朝一夕にはいきませんが、時間をかけてでも、教職員側の負担が重くなり過ぎないように配慮しながら、味方、サポーターとなってくれる人を増やすことが重要です。

ひとつはＰＴＡをはじめとする保護者との関係です。ヒントとなるのは、学校経営が専門の露口健司教授による研究です[*71]。母親の学校信頼の高低は何の影響を受けるか、統計分析を用いて検証しまし

■図表４－11　母親の学校への信頼に影響する要因の仮説と検証結果

■相互作用要因

①誠実性：学校は私の意向をくみ取ってくれる、学校は親しみやすくて話しやすい、学校は子どものよさをよく理解してくれている等と母親が感じているか
⇒小・中学校とも、学校への信頼へ影響

②有能性：学校は私の子どもの規範意識の形成に貢献している、学校は私の子どもの学力を高めている等と母親が感じているか
⇒小学校ではやや影響、中学校では影響なし

③充実性：PTA の役員は充実感をもって活動している、PTA 活動は充実感がある、保護者ボランティアの方々は充実感をもって活動している等と母親が感じているか
⇒小・中学校とも、学校への信頼へ影響

④公開性：学校はマイナス情報についても説明してくれる、学校は各教師のこれまでの経験や研修活動の様子を話してくれる等と母親が感じているか
⇒小・中学校とも影響なし

■学力成果要因：国語と算数・数学の CRT 学力テストスコアを利用。現状の到達度と変容度（1 年間の伸び）
⇒小・中学校とも影響なし

■属性要因：母親の就労の有無、帰宅時間（20 時以降かどうか）、居住年数（5 年未満かどうか）、子どもの通塾の有無
⇒小・中学校とも影響なし

出所）露口（2012）をもとに要約

た。要点は**図表４－11**のとおりです。

　意外にも、母親の属性や子どもの学力の伸びは、学校への信頼にほとんど影響しません。

　注目すべきは、相互作用要因です。研究から示唆されるのは、情報を一生懸命公開するだけでは不十分だということです。学校はわたし（保護者）の意向をくみ取ってくれる、親しみやすいなどの**誠実性を感じられるコミュニケーションが重要**なこと、また学校側の姿勢だけではなく、**ＰＴＡ活動や保護者ボランティアなどの充実性が高いと学校への信頼も高まると**いうことがわかりました。

つまり、学校は、ウェブページの更新や学級通信などを頑張っていれば安心というわけではなさそうです。保護者面談などのフェイス・トゥ・フェイスの対話の場（双方向の場）も大事にしたいものです。なお、誠実性を示すのは、学級担任だけが背負う必要はありません。校長等が発信・対応したほうがよいこともあるでしょう。

ある中学校では、６年生（新中学1年生）向けの保護者説明会や入学式のあとの説明会で、部活動の位置づけについて、校長から話をしています。部活動は教育課程外の活動であり、教員のやる気と実質無償労働で支えていること、そのような＋αの仕事であるため、「練習時間が短い」、「なぜうちの子はレギュラーでないのだ」といった苦情はやめてほしい、という話をします。結果、クレームは激減したそうです。これも、誠実性を示しつつコミュニケーションを図る例だと思います。

また、この学校では校外学習の遠足を廃止したときも、保護者に対して、かける手間のわりには効果の薄い校外学習よりも、別のことを充実させたいという話を校長からしました。校長がしっかり学校の課題を見据え、ビジョンを語ることができれば、業務や行事の精選、伝統・前例の見直しについても、多くの保護者の理解を得ていくことはできます。

読者のみなさんが保護者の立場であれば、できることとしては、ＰＴＡ活動や学校支援ボランティア（絵本読み聞かせ、図書館の整備、放課後の学習支援など）の活性化を図ることが、多くの保護者の学校への信頼を高めることにつながっていきます。学校としても、そうした保護者が活躍できる場をＰＴＡ等と相談しながら増やしていけるとよいでしょう。

今でも家庭科のミシンの授業などでは、保護者や地域から支援ボランティアが来る例は多いと思います。こうした単元に限らず、保護者・地域と連携することで教育効果が高まる単元、あるいは特別な支援が必要な子がいる学級などでは、学校はもっと保護者等に協力を求めてよいと思います。学校菜園の整備など周辺的なことでも悪いわけではないのですが、もっと教育活動に役立ちたいと思っている保護者や地域住民はいます。

当然、特別支援や教科指導の点では保護者等は素人です。しかし、大人の目を増やして、子どもたちをあたたかく見守っていくこと、そして子どもたちにとっては、親でもない先生でもないナナメの関係の大人が近くにいることの教育効果は大きいと思います。映画『みんなの学校』の舞台、大阪市立大空小学校は、まさにそういう学校運営をしています。保護者や地域住民がいつでも日常的に教室に入り、子どもたちの学びをサポートしているのです。

また、教師業務アシスタントとして、保護者や地域の方に協力してもらうことも効果的でしょう。

さらには、学校の応援団が増えれば、教員の負担軽減の一部にも保護者・地域の協力を得ることができるようになるかもしれません。たとえば、給食の時間に担任が一人で見るのではなく、地域の方に一緒に給食を楽しんでもらい、多くの目で子どもたちを見守る。教員はゼロにはできませんが、２、３クラスに一人で済むようになるかもしれません（アレルギー対応など特別な配慮が必要な子を重点的に見るなど）。続く昼休みや掃除の時間にも、地域の方に見守ってもらう。そんな地域協働があってもよいと思います。

【具体策6－2】クレーマーには正論よりも、〝あなたのことを大切に思っている〟とのメッセージを

学校へ批判的な保護者には、どう対応していけばよいでしょうか？

もちろんケースバイケースのところも大きいでしょうが、教員や学校へのカウンセリング等を続けてきた諸富祥彦教授によると、まずは関係づくりが大事だと言います[*72]。教師が正論で説得しようとしても、親のほうとして「どうしてわかってくれないのだ」と思ってしまうことになりかねません。

クレーマーの大半が、「自尊感情の傷つき」を抱えています。……（中略）……教師を大声で怒鳴りたて傷つける保護者自身も、「傷ついている保護者」であることが多く、内心は「被害者感情」でいっぱいなのです。

したがってそういう保護者は、「自分は大切にされているかどうか」にひどく敏感です。

クレーマーのこうした心理を敏感に感じ取り、**自尊感情に配慮した対応をする**ことで、クレーマーの攻撃性が緩和されていく場合も多々あります。

お茶やお茶菓子を出す、来校をねぎらう、よく話を聴く、来校した保護者の数よりも1人多い人数で対応する。こうした対応で、**「大切にされている」という感情を抱いてもらうのは大きな意味があります。**

露口教授（2012）の研究でも、誠実性が学校への信頼を高めるとしていたのと通じる話です。

【具体策6－3】コミュニティ・スクールを通じて、地域の応援団を増やす

もうひとつ、保護者、地域との関係で紹介したいことがあります。「コミュニティ・スクール」（学校

運営協議会制度）です。別にそういう名前の学校ができるわけではありません。学校のなかに、学校運営協議会という委員会のようなものを設置して、保護者や地域の声を学校運営に反映したり、地域住民が参画したりして活動していくことを指します。従来は、学校評議員という校長のアドバイザー的な人材を活用する動きも多かったのですが、もっと踏み込んで、また**組織的に学校を支援し、学校運営に地域住民等が参画する仕組みとしてできた制度がコミュニティ・スクール**です。

２０１７年４月１日時点で全国に３、６００校（現時点では小・中学校が多く、高校は65校に過ぎません）。最近の法改正（２０１７年４月施行）で、学校運営協議会の設置は全国で努力義務化されたので、今後増えていく見込みです。しかし、会議を増やすだけ、委員が一通り意見を述べて雑談するだけのものとなってしまっては、むしろ学校の多忙と多忙感を増やしてしまいます。

ここでも、そもそも論を大切にしましょう。なんのために地域協働をするのか、学校運営協議会を通じてどのようなことを実現したいのかは、学校・地域によってさまざまであってよいのですが、明確にしていく必要があります。

このコミュニティ・スクールを長年運用しているある中学校では、**学校運営協議会の場で、部活動についての意見交換**を毎年行っています。昨年は、２つの部を廃止することの協議がありました。廃部についてはすでにその前年度も協議され決定していたことで、学校側は保護者等に説明会等はしていたのですが、依然として保護者の一部からは根強い反対意見があることが紹介されました。

委員からは、教員の多忙化の問題、そして教員数が今後減っていくなかで部活の数を維持するのは困難であることについての意見が多く出され、学校側の対応を保護者等にもっと理解してもらえるよう、保護者の期待が強いものはやめられない。保護者対応に時間とストレスがかかる。

【基本方針6】
学校のサポーター・応援団を増やそう
○単に情報公開を進めるだけでは不十分。相手の自尊感情や充実感にも配慮しながら、誠実に保護者や地域とコミュニケーションを図る。

【具体策6－1】 PTAや学校支援活動の充実を図り、学校への信頼を高める。

【具体策6－2】 クレーマーには正論よりも、“あなたのことを大切に思っている”とのメッセージを。

【具体策6－3】 コミュニティ・スクールを通じて、地域の応援団を増やす。

委員としても声をかけたい、ということでまとまりました。また、今年は、部活動についての教員の負担や悩みについて、各顧問から話してもらい、学校運営協議会のなかでも今後の部活動の在り方を協議しました。「自分の子どもを大切にできないで、どうして生徒を大切にすることができるのか、時々悩む」という声は、非常に身につまされるものがありました。

コミュニティ・スクールは、イエスマンばかりの会議ではありません。校長等の言うことに、時としてはキビシイ意見を述べることもあります。さらには、この例のように、学校側だけの対応では十分に保護者等に届かないことについて、学校を支援する役割も、コミュニティ・スクールという場はもっています。

なぜなら、コミュニティ・スクールが活性化していると、学校のことを深くよく知る人材が地域に増え、そのコア人材が口コミで学校の実情を伝えてくれるからです。ある学校では、保護者からのたびたびの苦情について、学校運営協議会の委員の一部が対応することで、クールダウンしたという例もあります。

【基本方針７】 働きやすい職場をつくり、学び続ける教職員チームになろう

【具体策７－１】「長く働き一生懸命なのが美徳」をやめる、評価軸を変える

第3章で、次の方程式が学校の価値観になっていることを解説しました。

長い時間働いている人＝一生懸命子どものために尽くしている人＝評価が高い人

やはり職場での評価・評判は、人の行動に影響します。一生懸命なのが美徳というのは、いわば「学校文化」「教員文化」ともなって染みついていますので、変えるのは一筋縄ではいきません。

しかし、今は、ここ20、30年のなかで、学校文化を変えていく最もチャンスと言える時期だと思います。電通の問題などが契機となって、よのなか全体で長時間労働の是正、働き方改革が大きな関心を集め、重要政策となっています。これまで見てきたように、教員の世界は、〝ブラック〟と揶揄される企業以上の過酷な労働時間や、お寒い労務管理の実態がある側面も多々あります。「社会の働き方を変えるにはまずは学校から」というくらいの気概が必要かもしれません。

保護者についても、対応が非常に大変な人がいることも事実ですが、大方は、先生たちは忙しいと知りつつあります（本書もその点で理解を深める一助になれば幸いです）。

では、具体的にはどうしていくか。ひとつは人事評価の制度と運用の改革・改善が必要でしょう。校長は、各教室の様子をこまめに観察できるとは限らないので、どうしても外形的なこと、つまり、遅くまで頑張っているかや、校務分掌や行事などをそつなくこなしたか等にバイアスをかけて評価する傾向があると思います。今の評価制度の設計と運用でよいかどうかを、教育委員会は真摯に再検討してほし

いですし、校長は提案してほしいと思います。また、**管理職向けの研修等では、これまでの評価の視点を見つめなおし、自分の偏見、バイアスに気づかせる**ことにもっと時間をかけるべきだと思います。

問題は、人事評価だけではありません。**職場の価値観**として、「限られた時間のなかできちんと仕事を終え、早く帰っている人はカッコイイ（もちろん自分勝手という意味ではなく、忙しい人の手助けもしながら）」、**「よい教育者になるには、仕事以外の趣味や自己研鑽の時間を大切にする」**を共通理解としていくことです。

もちろん、子どものためにという思いでさまざまなことに一生懸命挑戦する姿や、教材研究等でさらなる向上をめざすことを、わたしは否定しません。すばらしいと思います。しかし、それでカラダを壊してはいけませんから、多くの人にとって働きやすい職場にすること、生産性（時間当たりの価値を高めること）、持続可能性という3つの観点も加えて意識してほしいと思います。

【具体策7－2】働きやすい職場をめざして、身近なところから工夫していく

身近なところから働きやすい職場づくりを進める横浜市立富士見台小学校を先日訪ねました。

ビジネスパーソンが書類や文房具など仕事に必要なものを探すのに要している時間は、年間150時間にも及ぶという調査があるそうです（コクヨ調べ）[*73]。学校ではどうでしょうか？　これも、塵も積もれば山となるで、1人1日当たりの探し物の時間はそう多くなくとも、1年間、職員全員分をカウントするとかなりの時間になることでしょう。

富士見台小学校は、ここに注目しました。各教員が個別に保管していた文書をなるべく共有の棚に入

れるようにするなど、職員室を変えていきました。

図表４－12の左側の写真をご覧ください。この百均ショップのようなところは事務室です。事務職員の方がまさに百均ショップの発想から学び、備品・消耗品を探しやすくしました。

写真右側は、Ｙｏｓａｎ　ｎｏｔｅと書かれた事務室内の掲示。これは、修繕が必要なことや教材関係で気づいたことなどを教員がそのつど付箋に書いて貼っていきます。こうすることで、改めてアンケートなど取らなくても、ちょっとした時間で改善アイデアが集まってくるというものです。

富士見台小の実践は時間を大幅に削減するものではありません。しかし、ちょっとしたことから、働きやすい職場をつくること、学校は変わっていけるのだということを示す好事例です。

■図表４－12　横浜市立富士見台小学校の事務室の様子

◎新しい時代を切り開く力をつけるためにも、先生は自分のことも大切にしよう

第2章でフィンランドの先生の長い夏休みの過ごし方について紹介しました。「探求的な生活が、人生への糧になり、授業の糧になる」という一節が印象的でした。疲れていたのでは、なかなかよい授業はむずかしいでしょう。**教員が自分の時間を、そして自分自身を大切にすることは、ひいては授業のよさにもつながっていくこと**

だと思います。

次期学習指導要領改訂の答申では、これからの未来を切り開いていく力として、「解き方があらかじめ定まった問題を効率的に解いたり、定められた手続を効率的にこなしたりすること」だけでは十分ではない、と述べています。工場労働者が多かった時代は、そうした正確性や能率に価値が置かれていましたが、現在では、その多くの仕事は機械やＡＩ、あるいは、海外の安い労働力に代替されつつあります。

今の小学生や中学生が社会人として活躍する頃の将来はどうなっているでしょうか。「子どもたちの65％は将来、今は存在していない職業に就く（キャシー・デビッドソン氏）」との推計や、「日本の労働人口の約49％が就いている職業が10～20年後には人工知能やロボット等で代替可能になる」といういささかショッキングな推計もあります（野村総合研究所とマイケル・Ａ・オズボーン准教授らの研究*74）。

学習指導要領の改訂は、こうした社会の変化を強く意識したものとなっています。答申では「〝今学校で教えていることは時代が変化したら通用しなくなるのではないか〟といった不安の声も」あると述べています。「主体的・対話的で深い学び（アクティブ・ラーニング）」が必要とされるのも、大学入試センター試験を廃止して○×式のテストを見直そうとしているのも、同じ問題意識からです。つまり、**「解き方があらかじめ定まった問題を効率的に解いたり、定められた手続を効率的にこなしたりすること」にこれまでの学校教育は重点を置きすぎていた**、という反省があるのです。

そして、答申では「**主体的に学び続けて**自ら能力を引き出し、自分なりに**試行錯誤**したり、**多様な他者と協働**したりして、**新たな価値を生み出していく**」ことが必要と述べています。

■図表４－13　次期学習指導要領改訂の答申と示唆

■解き方があらかじめ定まった問題を効率的に解いたり、定められた手続を効率的にこなしたりすることにとどまらず……主体的に学び続けて自ら能力を引き出し、自分なりに試行錯誤したり、多様な他者と協働したりして、新たな価値を生み出していくために必要な力を身に付け、子供たち一人一人が、予測できない変化に受け身で対処するのではなく、主体的に向き合って関わり合い、その過程を通して、自らの可能性を発揮し、よりよい社会と幸福な人生の創り手となっていけるようにすることが重要である。

これは、子供に対してだけではなく、教員や事務職員にこそ言えることではないか？
✓最低限の管理はできても、あがりポストだと、学ぶことをやめてしまった校長
**　教職員を慰労はしても、動機付けようとはしない校長**
✓校長や教育委員会からの指示を仰ぐばかりの副校長・教頭
✓指導書のとおり、あるいは昔からのやり方しかできない教師
✓正確に仕事をこなすことだけで満足する事務職員
✓チャレンジしようとする、出る杭は打たれる職場、学校文化 等々

これは、子どものことを指した箇所なのですが、わたしたち大人にとっても重要なメッセージではないでしょうか？　指示待ちの大人、あるいは指導書のとおりや昔のやり方しかできない教師であっては、ダメなのです（**図表４－13**）。

問題は、どうすれば、新たな価値を生み出せるクリエイティブなことができるようになるかです。これにも正解はないと思いますし、困難な仕事への挑戦を通じて人は成長するということもあるでしょうが、毎日（あるいは土日も）遅くまで働き詰めばかりでも、おそらくむずかしいでしょう。むしろ、仕事から離れた場や学校の外での活動や人とのつながりのなかで、創造性が刺激されたり、思わぬアイデアが生まれたりすることもあると思います。

長い時間働いている人
＝一生懸命子どものために尽くしている人
＝評価が高い人という文化

【基本方針７】
働きやすい職場をつくり、学び続ける教職員チームになろう
○限られた時間で成果をあげ、自分のことや自己研鑽も大切にできる教職員を増やす。

【具体策７−１】「長く働き一生懸命なのが美徳」をやめる、評価軸を変える。
【具体策７−２】働きやすい職場をめざして、身近なところから工夫していく。
【具体策７−３】たまには一人称で考える時間を—アンパンマンとドキンちゃんを思い出して。

【具体策７−３】たまには一人称で考える時間を——アンパンマンとドキンちゃん

本書で何度も取り上げたように、先生たちは毎日、子どもたちのために一生懸命です。

しかし、どうですか？　子どものため、保護者が期待しているから、管理職が気にしているから、国が教育委員会がしろって言うしなど、**先生方には三人称が多い**のではないでしょうか？

仕事柄そうなるよ、というのはよく理解しているつもりですが、それにしても、誰かのためという思考は教職員の癖として大変強いと思います。これは〝アンパンマン的発想〟とでも呼べましょうか。

わたしが講演や研修でお話しているのは、**たまには一人称、自分を主語にしてみては？**　ということです。自分の人生を楽しむ、自分の好きなことをやる。その結果の一部として、授業などのよさにもつながり、もちろん、子どもたちのためにもなっていく、という流れのほうが楽しいのではないでしょうか？

アンパンマンのたとえでいうと、**ドキンちゃんはこれです**。自分の好きなことしか基本やりませんし、自分の希望（わがまま？）に正直に、バイキンマンをうまく使っています。

たとえば、観に行きたい映画がある、あるいはおいしいものを食べながら話したい人がいる、だから仕事を早めに終わらせるという発想。たまに一人称にしても、それは子どもたちのことをないがしろにすることを意味しない、と思います。

学校にかぎらず、メンタルを病んだり、最悪の場合、過労死や過労自殺などが起こったりする背景には、一人称、自分を大事にできなくなっていることがあります。会社や学校のためにこれはやらなくちゃ、家族のためにこれはやめられないなどなど、三人称ばかりになると、自分が何をしたいとか、何が好きで生きているかが見えづらくなってきます。

もちろん、発想、マインドセットを変えるだけでは解決しないこと、学校にはいろいろなむずかしいことも多いのも事実だと思います。ただ、ぜひ一度、あなた自身と学校に問いかけてほしいことがあります。自分の好きなこと、わくわくすることのほうにもっと時間を使いませんか？

◎学校改善とイノベーションのヒントは、あなたの半径3ｍ内にある

以上、この章では、学校改善・業務改善の基本方針とヒントを紹介しました。

第3章で解説した長時間労働が改善してこなかった6つの理由（神話）と第4章の7つの基本方針は、**図表4－14**のように関連しています。

（※）基本方針の1と7は、全般に関わることです。基本方針2～6も多方面に関連しますが、特に関係の強いところを図示しています。

■図表4－14　学校の長時間労働が改善しない理由と今後の基本方針

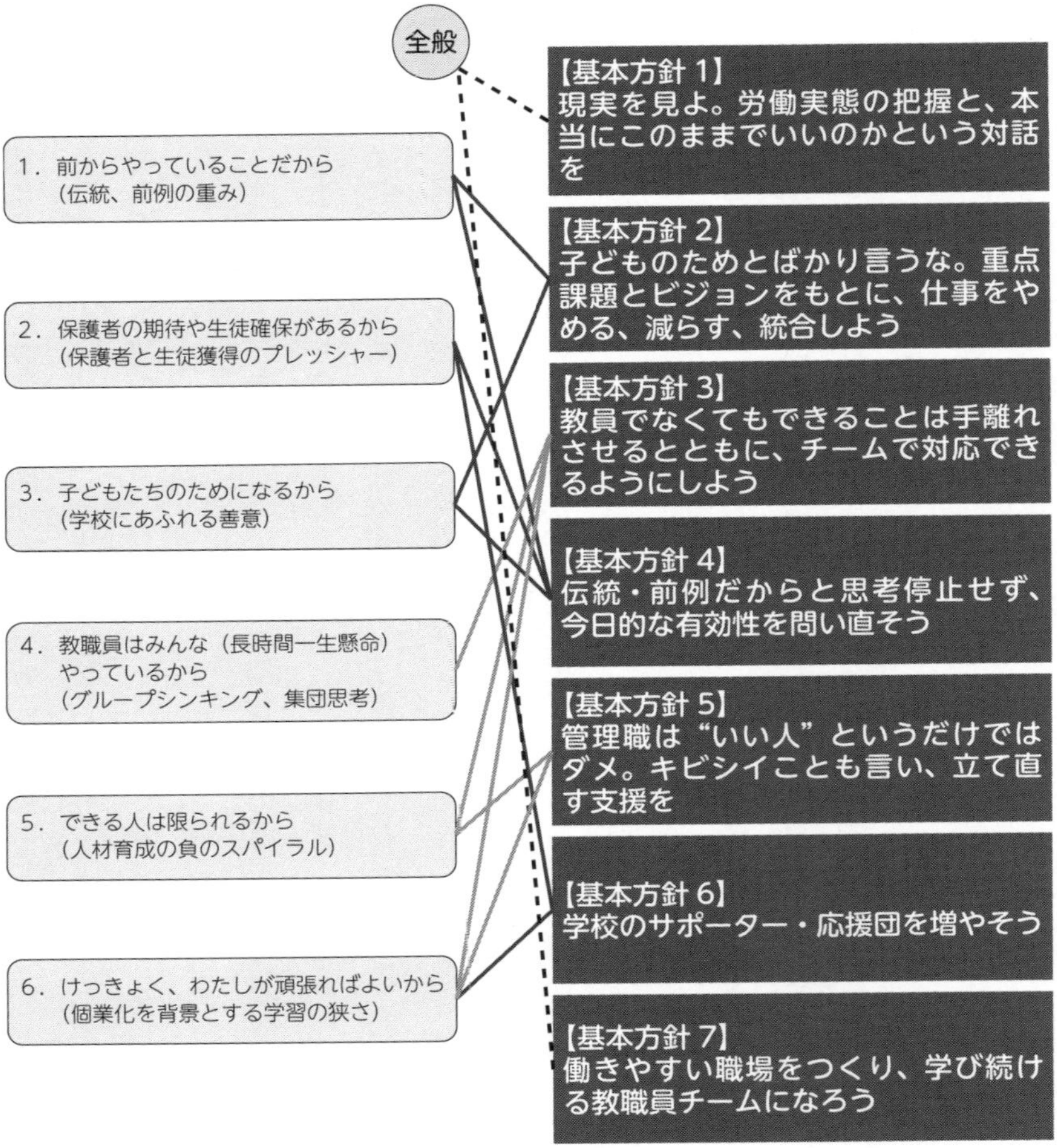
全般
1．前からやっていることだから
（伝統、前例の重み）
2．保護者の期待や生徒確保があるから
（保護者と生徒獲得のプレッシャー）
3．子どもたちのためになるから
（学校にあふれる善意）
4．教職員はみんな（長時間一生懸命）
やっているから
（グループシンキング、集団思考）
5．できる人は限られるから
（人材育成の負のスパイラル）
6．けっきょく、わたしが頑張ればよいから
（個業化を背景とする学習の狭さ）
【基本方針1】
現実を見よ。労働実態の把握と、本当にこのままでいいのかという対話を
【基本方針2】
子どものためとばかり言うな。重点課題とビジョンをもとに、仕事をやめる、減らす、統合しよう
【基本方針3】
教員でなくてもできることは手離れさせるとともに、チームで対応できるようにしよう
【基本方針4】
伝統・前例だからと思考停止せず、今日的な有効性を問い直そう
【基本方針5】
管理職は“いい人”というだけではダメ。キビシイことも言い、立て直す支援を
【基本方針6】
学校のサポーター・応援団を増やそう
【基本方針7】
働きやすい職場をつくり、学び続ける教職員チームになろう

注）線の種類、濃さは、わかりやすく表示するためであり、強弱等の意味ではない。

この章で、みなさんに気づいてほしいことは、次の一節に要約できます。

あなたの身近なところ、たとえば半径３ｍを見渡してみてください。そこに見直せることはある。今は、あきらめるときではない。本気になって行動するときだ。

◎「先生が忙しすぎる」をどうするか？

本章の冒頭で述べたとおり、特効薬や魔法の杖はありません。ですから、**ある特定の対策や優れたリーダーの登場に期待するのではなく、**今回紹介した基本方針と具体策のいくつかを組み合わせながら、地道に着実に前に進んでいくことが必要だと思います。

第1章で紹介したとおり、現実は大変厳しいものがあります。この今にも、一生懸命頑張りすぎて倒れそうな先生があなたの周りにもいることでしょう。あるいは、授業準備や自己研鑽が細って、自信と手ごたえのあまりないまま教壇に立っている先生たちが日本のあちこちにいることでしょう。学校の長時間労働にストップをかけるのは待ったなしです。

これまで学校はなぜ改善してこなかったのか、その背景を少し立ち止まって紐解いていけば、学校が、そしてわたしたちができることはまだまだあるのです。

本章のＳｕｍｍａｒｙはつくりませんが、各所で紹介した7つの基本方針と具体策の図が要約となっています。これをヒントに、具体的なアイデアを膨らませてみてください。校内研修、または保護者、住民、外部支援者等のサポーターを呼んだワークショップをしてもよいでしょう。

ただし、アイデアを出して、〝今日は盛り上がってよかったね〟となるだけではダメです。あなたの学校の重点課題とビジョンをもとに選択し、ひとつ、ふたつからでも行動に移してほしいと思います。大きな学校改善やイノベーティブな取り組みも、そうした一歩から始まるのだと思います。

✳ How about you?

1 本章の7つの基本方針を参考に、あなたの学校では、どんなことに取り組んでいきたいですか？

★たとえば、〝教職員の意識改革〟といった表現にとどまってしまうと、十分に具体策とはならず、呼びかけ程度の啓発になってしまいます。

★「そのために、どうする？」、「どうする？」とHOWについて何度も問うことで、具体的に何が必要かを考えてみましょう（次頁の**図**を参照）。

2 あなたが1のアイデアを出し合う研修会を企画するとしたら、どんな内容にしますか？ たとえば、次の要素について設計してみましょう。

①ねらい、ゴールイメージ（研修が終わったあと、どんな状態になっておきたいか）
②参加者
③時期、所要時間

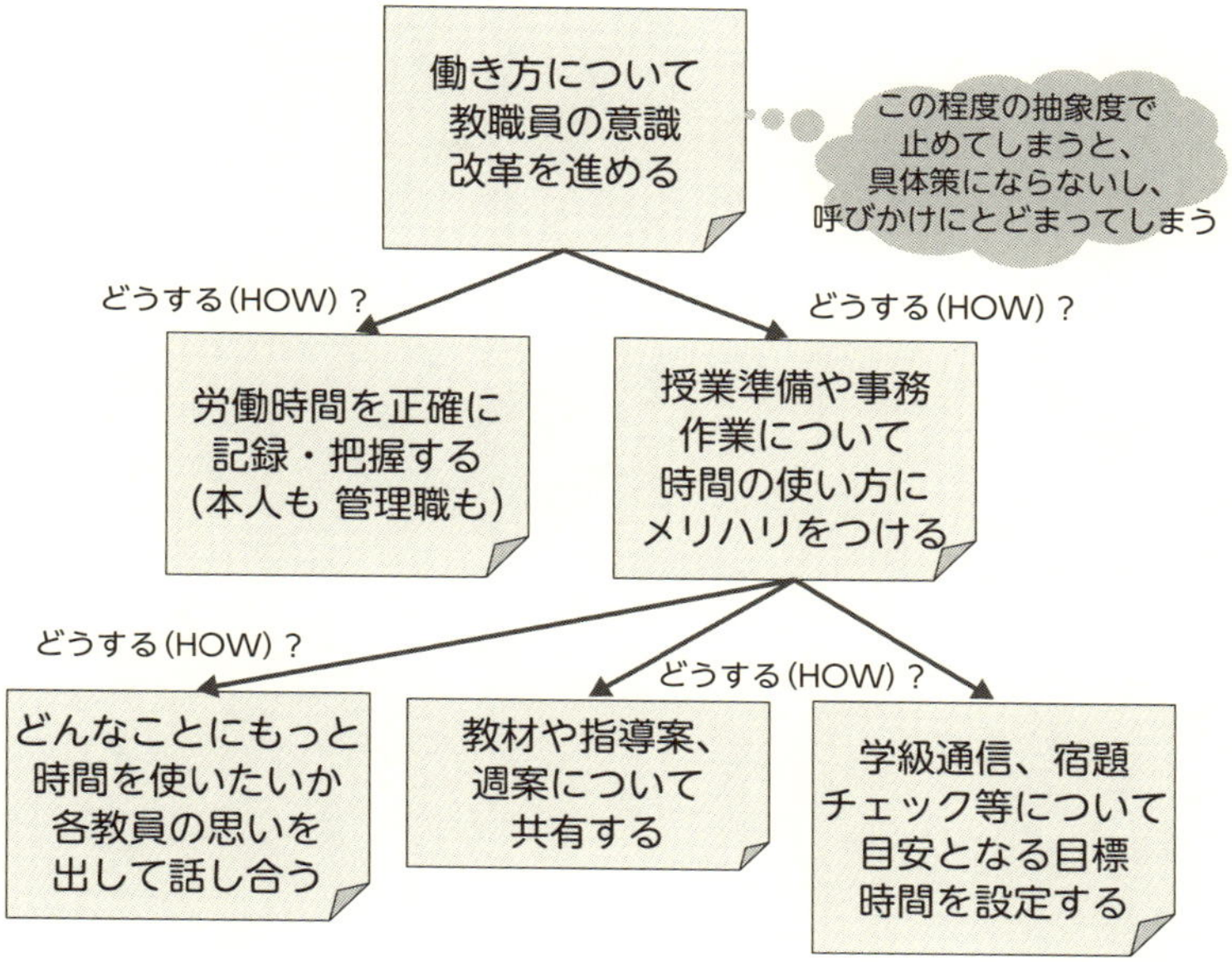

④アイデアを出したり、深めたりするための進め方、工夫

⑤出たアイデアについて優先順位を検討したり、行動することを決めたりするための進め方、工夫

おわりに——今日も、これからも頑張る先生方へ

本書をお読みいただき、ありがとうございました。いかがでしたでしょうか？　学校の長時間過密労働について、なんとかしたいと思う気持ちと具体策は、強まったでしょうか？

古代ローマの英雄、ユリウス・カエサルはこんな言葉を残しています[*75]。

人間ならば誰にでも、現実のすべてが見えるわけではない。多くの人は、見たいと欲する現実しか見ていない。

カエサルは2000年以上前の人ですが、このことは、今の日本の学校にも言えるのではないでしょうか。これまで学校は、あまりにも教職員の献身性と高いモチベーション、善意で支えられてきた部分が大きいと思います。わたしたちは、あるときは職場で、あるときは保護者として、そうした熱血教師らを歓迎し、褒めてきました。今日も、これからも、子どもたちのために頑張ってくれる先生たちはとても多いことでしょう。

しかし、「子どもたちの健やかな成長のために」という眩しい理念のもと、わたしたちは、その**影、〝見たいと欲しない現実〟を見てこなかった、または見えないふりをしてきた**ところもあるように思います。本書は、この〝見たいと欲しない現実〟について、当の教職員や教育行政職員がもっと自覚してほしい、また保護者やサポーター・応援団も見るようになってほしいという思いで書きました。

そのためにも、「はじめに」で述べたとおり、わたしは**「データ」**と**「志」**と**「アクション」**の3つ

図表　「データ」と「志」と「アクション」

データ	✓自身の（限られた）経験だけで物事を見ようとしない。 ✓問題等の現象、表層だけで対策を考えない。背景や要因をデータとロジック（論理）をもとに分析する。 ✓行動や取り組み、施策には、多くの場合、プラスもマイナスも多面的な影響がある。
志	✓子どもたちのどのような可能性や資質・能力を伸ばしたいか。 ✓そのためには、どのような学校でありたいか、どのような課題に立ち向かっていくことがとくに重要か。 ✓学校は、もしくはあなたは、どのようなことにもっと時間を使っていきたいか。そのためにも何を減らしたいか。
アクション（行動）	✓研修や会議、アイデア出しだけで終わらせない。 ✓身近なところ（半径３ｍ内）にも改善していけることは多い。 ✓誰が、何から進めるか。

を大切にしたいと考えています（**図表**）。

データについては、本書を通じて実感いただいたと思いますが、自分の経験だけで現実、それも**表面的なところだけを見ようとせず**、背景や要因、あるいは多面的な影響について、データ（数値化できないものも含めて）を確認しながら、観察、考察することを意識しました。

しかし、おそらく、人はデータだけ眺めてもそう変わりません。他人からあれこれ言われたからやるとか、ご褒美や罰があるから動くのではなく（これらは「外発的動機付け」と言われます）、**自分の心の底から湧き上がるもの、志が人を真に動かす**のだと思います（「内発的動機付け」）[*76]。

志という意味では、「学校における働き方改革、多忙化対策とは何か、なんのためか」と問われれば、わたしは迷わず、こう答えます。

学校の働き方改革は、先生たちの人材育成・自己研鑽のためのものであり、同時に、人生をもっと楽しんでいくという教職員の生き方改革でもある。そうした目的で前に進んでいくことが、ひいては子どもたちのためにも必ずつながる。

関連する研究を少し紹介しましょう。第4章でも少し触れましたが、子どもたちも大人も、高めていきたい資質・能力として、世界的に注目されているのが「GRIT（やり抜く力）」というものです。やり抜く力とは、情熱と粘り強さの2つの要素から成ります。つまり、いくら才能があっても、情熱をもって取り組み、長く続けなければ、成功はつかめないという考えです。

今は大学教授（心理学）で、中学校教師の経験もあるアンジェラ・ダックワース氏は、約1万6、000人の米国の成人にアンケート調査をした結果、「やり抜く力」の強い人々は、ふつうの人にくらべて「意義のある生き方」、「ほかの人々の役に立つ生き方をしたい」というモチベーションが著しく高いことを発見しました。『「目的」はほとんどの人にとって、とてつもなく強力なモチベーションの源になっている」と述べています[*77]。

ダックワース氏の言う目的は、わたしの分類では志、あるいはビジョンと言い換えることができます。働き方改革や学校改善も、目的意識や志、ビジョンが強くなければ、本気になれず、早晩トーンダウンしてしまうでしょう。

言い換えれば、多忙化対策や業務改善と言うと、時短など効率化の議論が多くなりがちですが、それだけでは十分ではなく、**「なんのために何を実現したいのか」、「何にもっと時間を使いたいのか（なんのために何をやめる、減らす、統合するのか）」という目的、志、ビジョンが不可欠**です。

★あなたは、子どもたちのどのような可能性や資質・能力を伸ばしたいでしょうか？　今の子どもたちが社会人として活躍する頃の未来は、どのようなものにしたいと思いますか？

★そうした子どもたちと未来を実現するためにも、どんな学校にしていきたいですか？

★あなたはどんな教師や職員になりたいですか？

★保護者や地域、支援者の方なら、どんな学校にすることに、もっとあなたのエネルギーと時間を使いたいと思いますか？

★あなたがとてもわくわくすることって、何ですか？ そこに時間を使っていくためにも、どんな時間は減らしたいですか、我慢していく必要がありますか？

このような問いに答えられる志とビジョン、樹にたとえるなら、**太い〝幹〟がなければ、〝枝葉〟は見えてこないし、〝枝葉〟をくっつけたり、切り落としたりすることもできません。**

そして志とビジョンは思い描くだけ、あるいは人と話すだけでは実現しません。行動（アクション）していくなかで、ときには仲間が増え、ときには軌道修正を図りよりよいものになっていくのです。

わたしも、「本気で進める学校改善」に向けて、データと志をもって、いくつかのアクションを始めています。幸運にも、そのなかで多くの仲間、同志に出会えたことが、本書とわたしの生きる糧となっています。紙幅の関係でここでは、特に感謝したい方を４人ほど紹介したいと思います。

一人目は、帯の推薦文を寄せていただいた名古屋大学の内田良先生です。先生の著書『教育という病――子どもと先生を苦しめる「教育リスク」』（光文社新書）は、わたしにとっては一生心に残る一冊で、まさに〝見たいと欲しない現実〟に気づくことの大切さを痛感しました。本書に力強い推薦文をありがとうございました。今後も〝同志〟として、よろしくお願いします。

二人目は、本書の出版を実現してくださった教育開発研究所の皆様。とりわけ、編集者の桜田雅美さんには大変勇気づけられ、お世話になりました。

三人目は、４人の子を一緒に育てている妻の雅子へ。わたし自身、仕事と家庭・育児については、これまでも、今も、悩みつつトライ&チャレンジの日々です。わたしの働き方改革が進んでいるとすれば、それは8割方、妻のおかげと言えます。大企業を辞めて、たいした見通しもないままひとり立ちしようとする時も応援してくれました。そして……今日も皿洗いが待っている～（笑）。

最後になりましたが、これまでわたしに現場の声、本音を伝えてくださった学校の教職員のみなさんに感謝したいと思います。わたしは教員経験のない、学校にとってはよそ者です。それでいて、本書が、学校の現実にリアリティ高く迫り、教職員の本音に多少なりとも寄り添えているとすれば、それは現場の声を届けてくれるみなさんのおかげです。研修会や懇親会、Ｆａｃｅｂｏｏｋ、オンラインゼミ等で意見交換したみなさん、これからもアツく語り合い、行動を共にしましょう。

以上４名（４グループ）の方がいなければ、わたしがここまで学校の働き方改革に入れ込み、当事者意識をもって取り組むことはなかったでしょう。本書のタイトルにあるとおり『「先生が忙しすぎる」をあきらめない』、そう強く誓った根本は、この４人にあるのです。

そして、本書を通じて、また新しい出会いやさらなる挑戦が広がることが楽しみです。リアルな場でも、ネット上でも、ぜひ気軽にお声がけいただければと思います。


〝半径３ｍからの本気の学校改善〟が広がることを祈って

少しの子守りをしながら原稿を書いた、葉山のファミレスにて

妹尾　昌俊

【註】

＊61　岩瀬直樹（2016）『成果を上げて５時に帰る教師の仕事術』学陽書房
＊62　学校徴収金や家庭負担の問題については、柳澤靖明（2016）『本当の学校事務の話をしよう――ひろがる職分とこれからの公教育』太郎次郎社エディタスなどが参考になります。
＊63　大天真由美「教師業務アシスタント配置事業　コーディネーターの役割」『学校事務』2016年３月号
＊64　佐々木眞一（2015）『トヨタの自工程完結』ダイヤモンド社が参考になります。
＊65　玉置崇（2015）『主任から校長まで 学校を元気にするチームリーダーの仕事術』明治図書出版、p.19
＊66　小牧中学校の事例については、玉置崇（2015）、前掲＊65
＊67　The Beatlesの名曲のひとつ。It's been a hard day's night（きつかったなと思う夜）And I've been working like a dog（まるで犬みたいに働いて）という歌詞で始まります。
＊68　以下の日本武道館の記述は、次のサイトを参照しました。
http://www.tv-asahi.co.jp/ss/194/special/top.html
http://tsugu.cside.com/b-ken/history2/1966a.html
＊69　中原淳（2017）『フィードバック入門――耳の痛いことを伝えて部下と職場を立て直す技術』PHP研究所
＊70　久我直人（2015）『教育再生のシナリオの理論と実践』現代図書
＊71　露口健司（2012）『学校組織の信頼』大学教育出版を参照。ある県の２小学校、１中学校の保護者（母親）へ調査。2006年、2007年に実施。２年間連続して回答を得ることができた706人が分析対象。
＊72　諸富祥彦（2013）『教員の資質――できる教師とダメ教師は何が違うのか？』朝日新聞出版
＊73　http://www.nikkeibp.co.jp/article/nba/20080329/151637/
＊74　https://www.nri.com/jp/news/2015/151202_1.aspx
＊75　塩野七生（2004）『ローマ人の物語〈８〉ユリウス・カエサル　ルビコン以前（上）』新潮文庫
＊76　動機付けやモチベーション、革新的な取り組みを行う人の特徴等については、田尾雅夫（1993）『モチベーション入門』日本経済新聞社、齊藤義明（2016）『日本の革新者たち――100人の未来創造と地方創生への挑戦』ビー・エヌ・エヌ新社などが参考になります。
＊77　アンジェラ・ダックワース（2016）『やり抜く力　GRIT（グリット）――人生のあらゆる成功を決める「究極の能力」を身につける』（神崎朗子訳）、ダイヤモンド社、p.207-208

＊44　学校に限らず、企業や行政等、さまざまな職場で、退職年齢の引き上げや、再任用、育児等で一度離職した女性等の再雇用、専業主婦・主夫、ニート等の就労支援などももっと増えていくことと思います。移民の受け入れも選択肢としてはありますが、日本語の壁も大きく、これほどの規模の労働力人口の減少を埋めるには現実的な解ではありません。
＊45　通級指導とは、軽度の障がいのある児童生徒に対して、主として各教科等の指導を通常の学級で行いながら、障がいに応じた特別の指導を特別の指導の場で行う指導形態です。言語障がい、自閉症、情緒障がい、弱視、難聴、学習障がい（LD）、注意欠陥多動性障がい（ADHD）などの子が対象となります。
＊46　まちと学校のみらいフォーラム2016（2016年10月29日）での講演
＊47　文部科学省「公立義務教育諸学校の学級規模及び教職員配置の適正化に関する検討会議（報告）」資料編（2012年９月６日）
＊48　前屋毅（2017）『ブラック化する学校――少子化なのに、なぜ先生は忙しくなったのか？』青春出版社、p.99
＊49　朝日新聞教育チーム（2011）『いま、先生は』岩波書店
＊50　大塚玲子「『ベルマーク』は勘弁！　母たちの切実な叫び」2015年７月２日東洋経済オンライン　http://toyokeizai.net/articles/-/75218
＊51　内田良（2015）『教育という病――子どもと先生を苦しめる「教育リスク」』光文社、p.151
＊52　中澤篤史（2017）『そろそろ、部活のこれからを話しませんか』大月書店、内田良・中澤篤史（2017）「美しく語られすぎた『部活動』を読み解く」『世界』2017年３月号
＊53　この点に加えて、前掲＊52中澤篤史（2017）では、怪我をした場合の学校保険が手厚いことを指摘しています。
＊54　「追いつめられる教師　『子どもがかわいそう』という呪いの言葉」（2016年12月12日）　http://bylines.news.yahoo.co.jp/kawaikaoru/20161212-00065401/
＊55　久冨義之（2017）『日本の教師、その12章――困難から希望への途を求めて』新日本出版社、p.59-60
＊56　内田良・中澤篤史（2017）、前掲＊52
＊57　東京大学の次のサイトを参考にしました。
http://www.u-tokyo.ac.jp/public/public01_200425_j.html
＊58　長沼豊教授はNHKの解説番組の中で、部活動による長時間労働の要因のひとつとして、「教員間の同調圧力」をあげています。
＊59　鈴木敏文・勝見明（2016）『わがセブン秘録』プレジデント社。また、妹尾昌俊「企業に学ぶ学校マネジメント――セブンイレブンに学ぶ、新しいものを生み出す力」『月刊プリンシパル』2017年５月号、６月号も参照。
＊60　弁護士ドットコム記事　https://www.bengo4.com/c_5/c_1626/n_5747/

【註】

＊29　わたしは、「社会とつながりのある教育課程」と言い換えたほうが理解しやすいと思います。つまり、地域に出て学習したり、地域のものを教材にしたり、社会で活躍するさまざまなゲストティーチャーを呼んだりして、授業で社会とのつながりを強めていくということが基本になります。そして、教育課程と言っているわけですから、単に各教員の授業で工夫をするというレベルにとどまらないで、学年横断で地域連携の授業をステップアップしていく道筋をつけたり、教科横断で取り組むことを実践したりすることも大事になってきます。

＊30　ウェルリンクのウェブサイトによる。調査期間は2006年11月～2008年3月。http://www.welllink.co.jp/press/

＊31　松浦善満（1999）「疲弊する教師たち――多忙化と『荒れ』のなかで」、油布佐和子編『教師の現在・教職の未来――あすの教師像を模索する』教育出版、p.18-19

＊32　高木亮（2015）『教師の職業ストレス』ナカニシヤ出版、第３章

＊33　松丸正「運動部顧問の教師、長時間勤務の下での過労死」『季刊教育法』2016年６月号

＊34　NHKニュース2017年２月23日、朝日新聞2017年２月24日、毎日新聞2016年２月29日、朝日新聞教育チーム（2011）『いま、先生は』岩波書店、などをもとに作成。

＊35　松丸正、前掲＊33

＊36　教職員の働き方改革推進プロジェクト「教職員の時間外労働にも上限規制を設けて下さい！！」の署名活動のウェブサイト

＊37　http://bukatsu1234.blog.jp/archives/37780916.html

＊38　黒田祥子「経済教室　時間当たり生産性上げよ」日本経済新聞2016年12月19日

＊39　横藤雅人・武藤久慶（2016）『その判断、学校をダメにします！　管理職・主任のための「かくれたカリキュラム」発見・改善ガイド』明治図書出版が特に参考になります。

＊40　ただし、これは相関関係であり、因果関係が検証されているわけではありません。夫の家事・育児時間と、第２子以降の出生の有無の双方に影響している別の要因が働いている可能性もあります。たとえば、家計の所得の状況といった共通の背景があるかもしれないので、厳密には、夫が家事・育児に協力的だからといって、子どもを２人以上もつようになるかと言われれば、そうとは限らない可能性もあります。

＊41　たとえば、小室淑恵氏の産業競争力会議での提案資料（2016年４月６日）http://www.kantei.go.jp/jp/singi/keizaisaisei/jjkaigou/dai42/siryou1.pdf

＊42　http://www8.cao.go.jp/shoushi/shoushika/data/ottonokyouryoku.html

＊43　中央教育審議会「これからの学校教育を担う教員の資質能力の向上について～学び合い、高め合う教員育成コミュニティの構築に向けて～（答申）」参考資料（2015年12月21日）

＊16　連合総研の前掲＊９報告書では、睡眠時間が男性より短いことを根拠に「女性教師が家庭責任を事実上多く引き受けている実態がうかがえる」と指摘しています。しかし、睡眠時間の男女差（平均）は６分程度であるため、そこまで言い切れるかは疑問です。

＊17　前掲＊９報告書を参照。連合総研調査は、教員勤務実態調査（2016年度）よりも過労死ラインの教員の割合が高く出ています。その背景として、連合総研調査のほうは自宅残業も含んでいることがひとつです。もうひとつの事情としては、連合総研の調査対象に偏りがある可能性があります。事実として、この調査は、日教組加入率が全国平均よりも高い23道県を対象としていること、また、道県内のどの学校に配布するかは日教組の各支部の判断に委ねているということがあります。結果、回収率が２～３割の県もありますが、８～９割という県もあります。回答者は日教組の組合員であることは条件になっていませんが、以上の過程からの推測としては、回答者に一定の偏りがある可能性はあります。とはいえ、1,000人、2,000人規模の結果が参照できる大変貴重な調査であります。

＊18　愛知教育大学・北海道教育大学・東京学芸大学・大阪教育大学（2016）「教員の仕事と意識に関する調査」

＊19　平日の学校での勤務が11時間、自宅持ち帰りが45分だとして、残業はおよそ４時間。休日は１時間だとして、平日５日、休日２日のサイクルで30日（平日22日、休日８日）とすると、残業時間は月96時間となります。

＊20　大橋基博・中村茂喜（2016）「教員の長時間労働に拍車をかける部活動顧問制度」『季刊教育法』No.189

＊21　2016年３月10日の参議院文教科学委員会。下記の記事を参照
http://blogos.com/article/166829/

＊22　TALISでは、何時間くらい、何に費やしたかをアンケートで調査しています。この方法ですと、きちんと毎日記録したものではなく、教師の主観と記憶に依存しますので、多少あやふやなところはありますが、傾向を知ることはできます。

＊23　厳密に言うと、２つの可能性が示唆されます。一つ目は、授業準備や事務に熱心に取り組んでいる教師は、そのために総労働時間も長くなっているという可能性です（本文で指摘したとおり）。もうひとつは、もともとダラダラ仕事をする傾向のある、生産性の低い教師は、授業準備や事務に時間がかかっているという可能性です。

＊24　http://www.pref.tochigi.lg.jp/m01/education/kyouikuzenpan/kyouikuiinkai/documents/tabcukan-kensyou.pdf

＊25　玄田有史（2005）『働く過剰――大人のための若者読本』NTT出版、p.87

＊26　佐藤学（2009）『教師花伝書――専門家として成長するために』小学館、p.72-73

＊27　北川達夫ほか（2016）『フィンランドの教育――教育システム・教師・学校・授業・メディア教育から読み解く』フォーラムＡ企画

＊28　福田誠治（2009）『フィンランドは教師の育て方がすごい』亜紀書房、p.22-23

【註】

※下記のURLは2017年6月26日確認

＊1　私立の小・中学校についても日本ではOECD平均よりも多い状況です。日本の小学校29人（OECD平均20人）、日本の中学校33人（OECD平均21人）。日本の公立と私立で比べると、平均では私立のほうが1クラス当たり人数は若干多いのです。少し意外な結果かもしれませんね。

＊2　佐藤学（2015）『専門家として教師を育てる――教師教育改革のグランドデザイン』p.109-111、岩波書店

＊3　過労死ラインとは、労働基準監督署が過労死を労災認定する際に基準とする水準。

＊4　産経新聞2016年10月21日、毎日新聞2016年12月28日

＊5　本書では、学校や教育委員会等ができる取り組みを中心に扱い、教員定数の改善については詳しくは扱いませんが、その重要性は認識しています。

＊6　ただし、緻密な調査設計には問題もあります。そのひとつは、回答するのが面倒すぎてテキトウな回答となる、という危険性です。多忙化している現場で、1週間に1時間かかる調査をどのくらいの教員が真剣に記入していたかという疑問は残ります。一方、文科省の調査ですから、今後の定数改善等につながるかもしれない期待を込めて精緻に記入した教員もいることでしょう。

＊7　繰り返しますが、現時点の速報では持ち帰り残業時間については平均値しか公表されていませんので、確定値が出れば、この割合は修正・更新が必要となります。

＊8　労働力調査では、1週間に仕事をした時間を記入してもらう形式、つまり記録ではなく、記憶をもとにしている点でやや確からしさは低くなります。

＊9　建設業と医師のデータについては、連合総合生活開発研究所『とりもどせ！　教職員の「生活時間」――日本における教職員の働き方・労働時間の実態に関する調査研究報告書』（2016年12月）

＊10　全国の小学校、中学校それぞれ1,080校を対象とし、約5万人の教職員が28日間毎日時間を記録したという大変貴重なものです。

＊11　より厳密には、教員勤務実態調査では30分単位で何の業務に従事していたか、あるいは休憩していたか等を記入してもらっています。休憩が5分や10分と細切れの場合は、休憩時間としてカウントされていない可能性が高いです。

＊12　児美川孝一郎「このままでいいのか!?　教員の長時間労働」『月刊高校教育』2017年4月号

＊13　「学校の組織運営の在り方を踏まえた教職調整額の見直し等に関する検討会議審議のまとめ」（2008年9月8日）

＊14　内田良「『教師の一日』労基法の休憩 記載されず　先生はなぜ休憩がとれないのか？」2017年5月7日
https://news.yahoo.co.jp/byline/ryouchida/20170507-00070707/

＊15　舞田敏彦データえっせい
http://tmaita77.blogspot.jp/2016/07/blog-post_18.html?spref=tw

■著者紹介■
妹尾　昌俊（せのお・まさとし）
教育研究家、学校マネジメントコンサルタント

京都大学大学院修了後、野村総合研究所を経て、2016年から独立。教職員向け研修や学校・行政向けコンサルティングを手がけている。文部科学省、全国各地の教育委員会・校長会等でも、組織マネジメントや学校改善、業務改善、地域協働等をテーマに研修講師を務めている。学校業務改善アドバイザー（文部科学省、埼玉県、横浜市ほか）、中央教育審議会「学校における働き方改革特別部会」委員、スポーツ庁「運動部活動の在り方に関する総合的なガイドライン作成検討会議」委員、NPO法人まちと学校のみらい理事としても活躍。

主な著書に『変わる学校、変わらない学校』、『思いのない学校、思いだけの学校、思いを実現する学校――ビジョンとコミュニケーションの深化』（以上、学事出版）。

■妹尾昌俊ブログ
http://senoom.hateblo.jp/
■本書Facebookページ
https://www.facebook.com/kawarugakkou/
■著者Twitter
@senoo8masatoshi
■著者メールアドレス
senoom879@gmail.com

「先生が忙しすぎる」をあきらめない
――半径３mからの本気の学校改善

2017年 9月1日　第1刷発行
2017年10月1日　第2刷発行
2018年 3月1日　第3刷発行
2019年8月1日　第4刷発行

著　者　妹尾 昌俊
発行者　福山 孝弘
発行所　株式会社 教育開発研究所
〒113-0033　東京都文京区本郷2-15-13
電話　03-3815-7041／FAX　03-3816-2488
URL　http://www.kyouiku-kaihatu.co.jp
表紙デザイン　CCK
印刷所　中央精版印刷株式会社
編集担当　桜田 雅美

ISBN978-4-87380-489-7　C3037